Isolde Macho Wagner & Thomas Wagner

Wege zum achtsamen Miteinander

W0052023

Das Buch

Die Haltung schlichter Achtsamkeit, absichtsloser Aufmerksamkeit liegt auch der gewaltfreien Kommunikation zugrunde. Aus ihrer reichen Erfahrung als Trainer und Kursleiter zeigen die Autoren mit vielen Beispielen und praktischen Übungen, wie dieses Ziel im Alltag Schritt für Schritt praktisch verwirklicht werden kann. Gefühle und Bedürfnisse klären sich, belastende Gedanken lösen sich. Leserinnen und Leser üben sich im empathischen Zuhören, indem sie beispielsweise lernen, Anschuldigungen in Einladungen zu wandeln. Die praktischen Kommunikationsbeispiele ergänzen und vertiefen sie durch spirituelle Impulse, Übungen und gelegentliche Anekdoten und Lehrgeschichten aus den spirituellen Traditionen. Der „rote Faden" des Ganzen ist das Leben als „Weg", als Prozess vielfacher Veränderung, stetigen psychischen und spirituellen Wachsens und Reifens. Ein neuer, ein mystischer Zugang zur GFK.

Der Autor

Dr. Isolde Macho Wagner, geb.1968, evang. Theologin; Zen-Praxis. Ausgebildete Trainerin für Gewaltfreie Kommunikation nach M. Rosenberg. Verheiratet, gemeinsam haben sie zwei Kinder.

Dr. Thomas Wagner, geb.1958, kath. Theologe, Diplom-Pädagoge, Mitarbeiter im Nell-Breuning-Institut für Wirtschafts- und Gesellschaftsethik.

Isolde Macho Wagner & Thomas Wagner

Wege zum achtsamen Miteinander

Gewaltfreie Kommunikation und Spiritualität

HERDER

FREIBURG · BASEL · WIEN

HERDER spektrum Band 6801

MIX
Papier aus verantwor-
tungsvollen Quellen
FSC® C083411
www.fsc.org

Titel der Originalausgabe:
Wege zum achtsamen Miteinander.
Gewaltfreie Kommunikation und Spiritualität
ISBN 3-451-61090-5
© Kreuz Verlag in der Verlag Herder GmbH,
Freiburg im Breisgau 2012
www.herder.de

Alle Rechte vorbehalten.
© Verlag Herder Freiburg im Breisgau 2015
www.herder.de

Umschlaggestaltung: Designbüro Gestaltungssaal
Umschlagmotiv: © kokouu – iStock

Satz: de.te.pe, Aalen
Herstellung: CPI books GmbH, Leck

Printed in Germany

ISBN 978-3-451-06801-0

Inhalt

Hier bin ich.

»Hier bin ich«, so antwortet Abraham auf den Ruf Gottes. Dieses »Hier bin ich« hat mich immer beeindruckt. Es ist eine schlichte, klare und starke Antwort des Menschen auf Gottes Ruf. Gleichgültig, ob jemand an oder in Gott glaubt oder gar nicht. Wir Menschen sind gerufen und gefragt. Eine jede und ein jeder einzelne von uns. Und wir haben die Größe »Ja«, zu sagen, »Hier bin ich!« Die Welt ruft mich, begrüßt mich und ich sage: »Ja!«.

Wenn kleine Kinder gerade stehen oder gehen lernen und zum ersten Mal selbst spüren, erkennen, dass sie auf eigenen Beinen stehen, wirklich stehen, losgelassen von allen, was sie bisher gehalten hat und doch getragen, bringen sie diesen Moment des freudigen Staunens und der Offenheit für das, was gerade ist, zum Ausdruck. »Wow, hier bin ich, hier stehe ich. Die Welt steht mir offen. Ich bin bereit.«

Hören wir diesen Ruf? Diesen Ruf, der uns gilt? Ich nenne ihn gern göttlichen Ruf, denn er lädt ein zu einer lebenslangen Entdeckungsreise in jenes »Ich bin, der ich bin«, das allen Beschreibungen und Etikettierungen trotzt. Wer ist es, der dieses »Hier bin ich« sagt? Wer sind wir wirklich?

Wer bist du?

»Eine Frau träumte, sie wäre gestorben und befände sich vor dem Himmelstor. ›Wer bist du?‹, fragte eine Stimme.

Die Frau nannte ihren Namen.

›Ich will nicht deinen Namen wissen, ich möchte erfahren, wer du bist.‹ ...

›Ich bin katholisch‹, gab sie zur Antwort.

›Deine Konfession interessiert uns hier wenig. Wer bist du denn wirklich?‹

›Ich bin die, welche täglich zur Kirche ging und den Armen stets Almosen spendete.‹

›Ich erkundige mich nicht nach deinen Taten, sondern nach deinem wahren Sein.‹

Da die Frau auf die Frage, wer sie in Wirklichkeit sei, keine befriedigende Antwort geben konnte, wurde das Himmelstor vor ihren Augen so geräuschvoll zugeschlagen, dass sie ... erwachte.[1]

Wo wir uns in Frage gestellt finden, können wir uns wie diese Frau auf den Weg machen, die Antwort auf die Frage: »Wer bin ich eigentlich?« zu leben. Es ist ein Weg des Fragens, Zweifelns, des Loslassens. Ein Weg voller Einsichten, Freuden und Tränen.

Dieser Weg der Erkenntnis, wer wir sind, ist ein irdischer Weg, kein himmlischer oder abgehoben elitärer, transzendenter.

Im Zen heißt es, der »alltägliche Geist ist der Weg«: Geschirrspülen, mit Kindern wachsen, mit Partnern streiten, arbeiten, im Wald spazieren, krank sein. Inmitten all dieser Alltäglichkeiten ergeht der Ruf: »Bist du da? Bist du wirklich da?« Und wir dürfen antworten: »Ja, hier bin ich.« In diesem jeweils konkreten Dasein verwirklicht sich die Antwort auf die Frage: Wer bist du wirklich? Im

Hier und Jetzt sind wir wirklich. Dabei ist unser Dasein mehr, als raumzeitliche Denkkategorien erfassen können. Wir sind immer mehr und anders als unsere biologischen Daten.

Deshalb ist jeder Moment so kostbar. Weil ein jeder Moment, eine jede Begegnung, die Einladung ist, das »was die Welt im Innersten zusammenhält« ein Stückweit zu erkennen und zu verwirklichen. Dieser Einladung folgt dieses Buch. An konkreten Beispielen aus dem Alltag zeigen wir, wie spirituelle Haltungen und Methoden der Einfühlsamen oder Gewaltfreien Kommunikation nach Marshall Rosenberg den Weg ebnen, um selbstbewusster auf die jeweiligen Anfragen des Lebens antworten zu können. Wir üben uns ein in einer Achtsamkeit für die lebensbejahenden Werte und Bedürfnisse, die sich hinter Vorwürfen oder Glaubenssätzen verbergen können. Wir laden ein, verwickelte Situationen ohne Bewertung zu beschreiben, sodass Entwicklungsprozesse stattfinden können. Wer sich in Verwicklungen einlässt, kann sich entwickeln.

Unsere Impulse sind Einladungen, die eigene Präsenz zu stärken durch eine wertschätzende Achtsamkeit für das, was in konkreten Situationen, Äußerungen, Etikettierungen oder Vorwürfen dem Leben dient. Dabei haben wir zwei grundlegende Leitlinien, die einander sicher bedingen, doch auch voneinander unterschieden werden können. Die eine Leitlinie gründet im Bedürfnis, mir selbst gegenüber wahrhaftig zu sein. Die andere im Bedürfnis, in einer Beziehung aufrichtig für sich selbst einzutreten und offen für die Werte und Interessen des anderen zu sein. Den Weg, diese beiden grundlegenden Bedürfnisse zu erkennen und für die Alltagspraxis wirksam werden zu lassen, skizziert dieses Buch. Dazu verhilft uns nicht nur die Gewaltfreie Kommunikation nach

M. Rosenberg, vielmehr noch ein tiefer Glaube in den Menschen als bedingungslos geliebt und vollkommen unvollkommen.

In einer rabbinischen Geschichte wird erzählt, dass ein jüdischer Schneider seinen Sohn eines Tages fragte: »Weißt du, warum wir immer zwei Hosentaschen in eine Hose nähen?« »Nein, warum?«, fragte der Sohn.

»Weil«, sagte der Vater. »Es gibt Tage, da steckst du deine eine Hand in die eine Hosentasche und ziehst einen Zettel hervor, da steht drauf: Ich bin Gottes Ebenbild. Das liest du und freust dich. Dann kommen Tage, da steckst du deine andere Hand in die andere Hosentasche und holst auch einen Zettel hervor und liest, was da drauf steht.

Da steht drauf: Ich bin nichts als Staub und Asche. Dann atmest du auf. Und so lebst du immer fort.

Deshalb haben wir zwei Hosentaschen. Jetzt weißt du's.«[2]

Die einzelnen Beispiele dieses Buches folgen in ihrer thematischen Zuordnung diesen beiden Bestrebungen:

1. Wahrhaftigkeit sich selbst gegenüber und
2. Aufrichtigkeit in der Beziehung.

Wir erörtern grundlegende Aspekte dieser zwei Leitlinien und klären unser Verständnis von Spiritualität und dem gemeinsamen Übungsweg von Gewaltfreier Kommunikation und spirituellen Haltungen.

Am Beispiel von Vorwürfen oder Aussagen aus dem Alltag zeigen wir diesen gemeinsamen Übungsweg auf. Eine wesentliche methodische Vorgehensweise lautet, negative Formulierungen in eine lebensbejahende, bedürfnisfundierte Sprache zu wandeln.

Die ausgewählten Praxisbeispiele entstammen unserer Seminartätigkeit und Supervisionspraxis der vergangenen fünfzehn Jahre. Für dieses Buch haben wir sie literarisch aufgearbeitet.

Inhaltliche und methodische Grundlagen unserer Seminare sind die Gewaltfreie Kommunikation nach Marshall Rosenberg, Elemente der Aufstellungsarbeit, Konflikttheater und das Clownspiel. Achtsamkeitsübungen, Meditationen in Ruhe und Bewegung und spirituelle Impulse unterstützen im Seminaralltag, konstruktive Haltungen aus der Konfliktarbeit zu vertiefen. Alle Themen, die für dieses Buch aufbereitet wurden, betreffen in mittelbarer oder unmittelbarer Weise auch uns Autoren. Wir geben keine fertigen Antworten auf die großen und kleinen Fragen des Lebens, doch freuen wir uns, wo wir Impulse setzen für die persönliche Auseinandersetzung mit der eigenen Spiritualität und Konfliktfreudigkeit. Wir danken auf diesem Weg all jenen Menschen, die uns wegweisend auf unserem eigenen Reifungsprozess waren und sind, seien es unsere Eltern, Lehrer, die vielen Teilnehmerinnen an den Kursen und vor allem unsere beiden Kinder.

Dem Kreuz-Verlag danken wir für die Anfrage, dieses Buch zu schreiben und zu veröffentlichen. Insbesondere gilt unser Dank dem Lektor, Herrn Peter Raab, für seinen engagierten Einsatz für dieses Buch.

1. Leitlinie:
Wahrhaftigkeit mir selbst gegenüber

So wie wir unseren Körper reinigen, äußerlich und innerlich, so braucht auch unser Geist Zeiten der Entschleunigung. Momente des bewussten Schweigens im Alltag verhelfen zu einer inneren Klarheit und Beruhigung von Gedankenströmen. Es reichen schon ein paar bewusste Atemzüge, um sich in der Geschäftigkeit des Tages wieder zu sammeln und im Hier und Jetzt zu verankern. Dabei können wir uns vorstellen, dass wir beim Ausatmen in uns hinein atmen, dadurch schicken wir die verbrauchte Luft nach außen und stärken gleichzeitig energetisch unseren Körper. Wo wir uns vorstellen, in uns hinein auszuatmen, richtet sich unser Körper auf. Bildhaft gesprochen verlieren wir uns beim Ausatmen nicht an die Welt, vielmehr bleiben wir innerlich gesammelt und gestärkt. So können wir uns vorstellen, mit unserem Atem den ganzen Körper von den Fußspitzen bis zu den Haarwurzeln mit neuer Lebenskraft zu erfüllen. Mit jedem Ausatmen wandern wir mit unserer Achtsamkeit ein Stück höher in unseren Körper. Dieser Atem, der uns innerlich erfüllt, kann uns wie eine Schutzhülle im Äußeren umgeben. Wir stellen uns einfach vor, dass wir mit jedem Ausatmen über unseren Körper hinaus eine Schutzhülle aufbauen. Diese »Schutzzone« um unseren Körper beträgt in unserem westlichen Kulturkreis ungefähr eine Armlänge. Bei Begrüßungsritualen mit Fremden halten wir sie üblicherweise ein. Mit gezielten Atemübungen kann ich mir dieser Schutzhülle bewusst werden. Diese einfache Übung stärkt bereits ein Stück weit mein Selbstbewusstsein und Auftreten, gerade in herausfordernden Situationen.

Wahrhaftigkeit mir selbst gegenüber beginnt mit dem Vertraut-werden mit der Kraft des eigenen Atmens. Denn unser Atmen gleicht einem Taktmesser. Mit unserem Atemfluss können wir den Rhythmus unserer Befindlichkeit schon recht weit steuern. Sind wir erregt oder verärgert, so beschleunigt sich oft unser Atemrhythmus. Hier können wir die Geschwindigkeit des Atmens, die uns möglicherweise zu übereilten Handlungen oder Äußerungen verleitet, entschleunigen, indem wir tief ausatmen und uns dabei erden und innerlich sammeln. Werden wir im Alltag mit Vorwürfen konfrontiert, kann es sein, dass wir erst mal den Atem anhalten. Hier gilt es wieder in Fluss zu kommen. »Zu erstarren« ist eine archaische Schutzreaktion, die wir auch aus der Tierwelt kennen. Wir stellen uns quasi tot und tun so, als ob wir gar nicht da wären. Das kann Leben retten. In kommunikativen Konfliktsituationen können wir diese erste Schockstarre oder Sprachlosigkeit (»Da bleibt mir ja die Spucke weg!«) durch ein paar bewusste Atemzüge wieder in Fluss bringen. Mit jedem Ein- und Ausatmen schüttle ich ein bisschen den ersten Schreck oder die erste Empörung ab und verbinde mich innerlich mit meinen gegenwärtigen Gefühlen und Bedürfnissen, und wenn möglich mit denen des Gesprächspartners. Diese Atempausen schaffen eine gewisse Distanz zu dem gehörten Vorwurf. Diese Distanz oder anders gesagt, dieser Raum, den ich mir durch mein Atmen schaffe, ermöglicht, mich mit dem zu verbinden, was hier und jetzt an lebensbejahenden Bedürfnissen hinter dem Vorwurf ausgesprochen wird.

Gerade in kritischen Situationen ist ein achtsames Atmen, ein wieder Einklinken in einen ruhigen Atemfluss hilfreich, um sich selbst wahrzunehmen. Sich selbst achtsam wahrzunehmen meint, Gedankenströme, Ideen, Vermutungen kommen und gehen zu lassen wie die Wellen einer aufgewühlten See. All die Gedanken, die auf uns einströmen, wenn wir mit konkreten Vorwürfen konfrontiert sind, dürfen kommen und sie dürfen wieder gehen. Wo mit dem geregelten Atemfluss die wilde Gischt verebbt, können wir besser spüren, was an wesentlichen Gefühlen und Werten da ist. Was ist mir wirklich wichtig in dieser Situation? Wirklich wichtig ist das, was dem Leben dient. Die Gewaltfreie Kommunikation nach M. Rosenberg spricht hier von lebensbejahenden Bedürfnissen: Geborgenheit, Anerkennung, Sicherheit, Respekt, der Austausch von Geben und Nehmen, Klarheit und vieles mehr.

Mir selbst gegenüber wahrhaftig sein meint, diese Bedürfnisse und Werte zuzulassen, wahrzunehmen und wertzuschätzen. Sie sind meine Geschenke an das Leben und sie sind die Geschenke des Lebens an mich. Es ist nicht wichtig, hier und jetzt alle Bedürfnisse zu verwirklichen. Es ist wesentlich, anzuerkennen, dass wir ein Bedürfnis nach Respekt, Wertschätzung, Selbstwirksamkeit, Kreativität oder Gemeinschaft haben und haben dürfen.

Wahrhaftigkeit mir selbst gegenüber bedeutet, bewusst zu wählen, mich für die Verwirklichung meiner Bedürfnisse einzusetzen und bewusst Verzicht zu üben. Sich bewusst einzusetzen für die Erfüllung konkreter Bedürfnisse ist Ausdruck meiner Eigenverantwortung. Bewusst Verzicht zu üben ist Ausdruck meiner Freiheit und Stärke. In beiden Fällen bin ich als Person gefragt und sage ja zum Leben und seinen konkreten Anforderungen.

2. Leitlinie: Aufrichtigkeit in der Beziehung

In einer Beziehung oder in einer Gruppe für sich selbst einzutreten, bedarf eines ruhigen Atems und der Klarheit über eigene Werte und Interessen.

Was richtet uns auf in einer Beziehung oder allgemeiner gesagt, im Miteinander, in der Begegnung mit anderen?

Spüren wir in unseren Körper hinein, dann schenkt uns Aufrichtigkeit, also ein gerades Rückgrat, alles, was uns den Rücken stärkt. Wir können beispielsweise die Augen schließen und uns vorstellen, wen oder was wir gerne hinter unserem Rücken hätten, der oder das uns Halt gibt. Gerne sind es Familienmitglieder, die eigenen Eltern, gute Freunde oder Vertraute. Sie stehen oft für stärkende Traditionen oder Werte, unsere Verbundenheit und Verwurzelung mit dem Leben. In aufrechten Dialog treten kann ich da, wo ich gefestigt bin, den »Boden unter meinen Füßen spüre.« Anders gesagt, wo ich ganz da bin, weil ich meinen Platz gefunden habe. Ich muss nicht um meine Daseinsberechtigung kämpfen oder froh sein, überhaupt wahrgenommen zu werden. Ich bin da und mit mir ist das Leben da. Hier bin ich.

Im biblischen Kontext zeigt uns die sogenannte Berufungserzählung von Mose vor dem brennenden Dornbusch (Ex. 3), was es heißt, in aufrechten Dialog zu treten. Mose zieht seine Sandalen aus, denn heiligen Boden betreten wir nackt, barfüßig. Der Dialog, der sich hier anbahnt, ist nicht einfach ein Geschwätz unter Freunden. Hier will ein Mensch erkennen und erkannt sein durch (dia) Worte (logoi). Wo wir einander erkennen oder uns zu erkennen geben, mit dem was uns wesentlich ist, da entsteht ein heiliger Raum. Dieses Entblößen der Füße ist nicht einfach nur ein kulturelles Gut, wie wir es heute noch in Moscheen oder Hindutempeln praktiziert finden. Es ist ein Hinweis auf jene paradiesische oder ursprüngliche Nacktheit, wo wir uns ohne Scham, Angst oder Schuld begegnen und erkennen. Erkennen in unserem Sosein, ungeschminkt. Wo wir in der zwischenmenschlichen Begegnung aufrichtig sind, sind wir nicht nur stark; wir machen uns auch verletzlich. Diese Verletzlichkeit gibt einer aufrichtigen, wahrhaftigen Begegnung ihre Würde, ihre Qualität.

Das bedeutet, wo ich mich auf aufrichtige Begegnungen einlassen möchte, darf ich mich immer wieder auch mit meiner eigenen Verletzlichkeit und der des anderen auseinandersetzen.

Meine Verletzlichkeit als eine immer vorhandene Möglichkeit anzunehmen heißt mein Scheitern anzunehmen. Das Wort »Scheitern« ist für viele emotional negativ besetzt. Es leitet sich ab von den »Holzscheiten«, die bei einer missglückten Schiffslandung entstehen können. Wenn es »Schiffbruch« erleidet, dann scheitert es, kippt vielleicht oder geht teilweise oder ganz zu Bruch. Scheitern bedeutet immer wieder eine Kurskorrektur, ein Abweichen oder Verändern einer Zielvorgabe. Unser ganzes Leben ist ein Scheiterprozess, da wir immer in Veränderung sind. Die Frage ist, ob wir offen für Veränderungen und Prozesse sind? Der Narr weiß, nur »wer scheitert, wird gescheiter.« Wissen wir das auch? Leben wir auch so? Lassen wir Scheitern und Kippen und Veränderungen zu? Oder halten wir an dem, was wir für richtig und gut erachten, fest?

Beobachten wir unseren Körper und seine Sprache, dann richtet uns auf, was uns den Rücken stärkt, was uns mit dem Leben verbindet. Werte können uns verwurzeln und verorten. Aus der Balance bringen, können uns unverrückbare Ziele. Wo Ziele, Ansichten oder Perspektiven zu weit von uns selbst entfernt sind, da drohen wir zu scheitern, zu kippen, die Balance zu verlieren. Wo wir in unserer Haltung nicht präsent sind, in dem was ist, sondern verhaftet in Erwartungen und Soll-Vorstellungen, da verlieren wir den Boden unter den Füßen. Da droht unser Körper nach vorne zu kippen, aus der Mitte, aus dem Dasein gerissen, in etwas noch unerreichbar Vorgegebenes.

Hier entsteht ein Bewegungsraum zwischen dem was ist – meine Position – und dem, was sein soll – meine Ziele oder Erwartungen. Diesen Bewegungsraum gilt es in der Begegnung oder im Miteinander mit anderen und im Klärungsprozess mit einem selbst auszuloten.

Aufrichtige Begegnung braucht also ein klares Bewusstsein über eigene Werte und Bedürfnisse, über das, was mich hier und jetzt bewegt, damit ich mich gemeinsam mit dem anderen bewegen kann. In einem aufrichtigen Dialog entsteht dieser gemeinsame Weg im Gehen, im Austausch und Mitteilen der jeweiligen Interessen, Werte und Ideen. Für einen aufrichtigen Dialog brauchen wir einen offenen, fragenden Geist.

Zum einen erkennt Mose in der paradoxen Erzählung vom brennenden Dornbusch den bekannten Gott seiner nomadischen Vorfahren, den »Gott Abrahams, Isaaks und Jakobs«. Das Bekannte oder die Tradition wird hier bewahrt. Gleichzeitig, kommt in der Selbstoffenbarung Gottes: »Ich bin der ich bin« ein neues, unbekanntes und unverfügbares Moment hinzu. Obwohl oder vielleicht gerade weil sich Gott bereits vorgestellt hat als der Bekannte, fragt Mose doch weiter: »Wer bist du? Wie ist dein Name? Was soll ich dem Pharao erzählen, wer mich schickt?« Mose ist vertraut mit diesem Gott des Dornbuschs. Es ist der Gott seiner Ahnen, gleichzeitig ist er unvoreingenommen oder zeigt »Anfängergeist«, um bewusst einen Begriff aus der Zen-Tradition zu verwenden.

Diese offene Geisteshaltung eröffnet den Raum zur Begegnung und zu einem Dialog des gemeinsamen Erkennens und Wachsens. Wo einer nur am Bekannten festhält, an festen Zielen oder Vorstellungen, und den Weg dorthin mit seinen unterschiedlichen Phasen und Prozessen nicht wahrnimmt, droht er zu erstarren. Im Dialog reden wir dann oft aneinander vorbei, indem wir nur Positionen austauschen oder bestimmten Lösungsstrategien anhaften.

Scheitern wir mit unseren Zielen und Anliegen, dann ist das die Chance, sich wieder aufzurichten und neu zu orientieren, sich wieder zu verankern im Hier und Jetzt.

Aufrichtigkeit im Dialog bedarf des Muts zum Scheitern, zum Loslassen, Fallen, Neuorientieren und Verändern. Das Scheitern ist hier der Fluss des Lebens. Das Scheitern ist ein Prozess nicht nur des Aufgebens oder Veränderns unrealistischer Vorstellungen, es ist vielmehr eine Gabe, das Geschenk von Humor und Leichtigkeit. Wo wir ein Scheitern und Kippen wirklich zulassen, kommt wieder Bewegung in die Begegnung. Starre Fronten können sich auflösen und neu formen. Wo wir unser Scheitern nicht verleugnen oder vertuschen, sondern zulassen, beginnt das Leben wieder in neue Bahnen zu fließen. Aufrichtige Begegnung braucht daher die Offenheit für Scheiterprozesse.

»Für den Clown markiert das Scheitern nicht das Ende eines Spiels, sondern den Anfang eines Neuen.«[3]

Gewaltfreie Kommunikation und Spiritualität

Ein lebenslanger Übungsweg

Was haben die Gewaltfreie Kommunikation nach Marshall Rosenberg und Spiritualität gemeinsam?

Unter beidem verstehen wir einen lebenslangen Übungsweg. Es ist ein Weg des Wachsens und Reifens, des Scheiterns und Verzeihens.

Die Einfühlsame oder Gewaltfreie Kommunikation zeigt für den Konfliktfall in der Mediation, Supervision oder Beratung, wie für das alltägliche Miteinander eine einfühlsame Haltung und Kommunikationswege auf, damit wir besser mit dem in Verbindung kommen, was uns in einer konkreten Situation wirklich bewegt. Üben wir uns in der Gewaltfreien Kommunikation, so werden wir uns selbst bewusster. Wir können uns besser in den anderen einfühlen, in das, was ihn dazu bewegt, so und nicht anders zu handeln.

Spirituelle Übungswege, wie beispielsweise die Kontemplation oder Zen, schenken unserem alltäglichen Leben Sinn und Tiefe. Eine spirituelle Übungspraxis bezeichnet für uns einen lebenslangen Weg der Wandlung, der Ver-Antwortung auf Gottes Ruf: »Wo bist du, Adam?« Für uns lautet der Ruf im erweiterten Sinne: »Wo bist du, wer bist du und wie bist du, Mensch?« In der alltäglichen Verantwortung werden wir uns dabei unseres Selbst bewusster.

Üben wir uns in der Einfühlsamen Kommunikation, so arbeiten wir an unserem alltäglichen Selbst, unserem Ich-Bewusstsein, geprägt durch Erziehung, Erfahrungen, Anlagen, getrieben durch Ängste, Freuden und im Laufe der Jahre typisch gewordenen Handlungs- und Interpretationsmustern.

> »Immer verkriechst du dich im Büro, wenn wir mal Besuch haben.«

Sie zeigt den Weg, sich mit den Gefühlen und Bedürfnissen des Sprechers oder der Sprecherin zu verbinden und mit denen des »Partners«, der »seine eigene Welt« aufsucht.

> Sprecher:
> »Wenn ich sehe, dass du nach Hause kommst, unseren Besuch begrüßt und dann für die nächste Stunde in dein Büro gehst, bin ich wütend, verwirrt und traurig, weil mir Gemeinschaft wichtig ist, Höflichkeit, und ich gern verstehen möchte, warum du so handelst. Kannst du mir das bitte erklären.«
>
> Empfänger:
> »Wenn ich nach der Arbeit nach Hause komme, Besuch auf der Terrasse sehe, fühle ich mich erschöpft. Ich brauche dann erst mal meine Ruhe, um zu mir zu kommen, meine Sachen zu klären, Abstand zu nehmen von dem, was tagsüber war. Das bitte ich dich zu respektieren.

Auf dem Weg der Gewaltfreien Kommunikation wandeln wir Vorwürfe in eine bedürfnisorientierte Sprache, die ein gegenseitiges Verstehen erleichtert.

Praktizieren wir intensiv einen spirituellen Übungsweg, dann werden wir im Schweigen und in der Stille mit unseren alltäglichen Ängsten und Sorgen konfrontiert. Darüber hinaus treiben uns essentielle Fragen und Zweifel: Wer bin ich, unabhängig von Geburt, Haarfarbe, Charakter oder Geldstatus? Was ist der Sinn deines und meines Lebens? Was ist wesentlich? Zur Pflege des Ich-Bewusstseins gesellt sich bei einem spirituellen Übungsweg noch die Frage nach dem wahren Sein, ob ich das jetzt »Wahres Selbst«, »Buddhanatur« oder den »göttlichen Funken« in uns nenne. Wir reden vom »größeren oder wahren Selbst«, weil dieser Begriff jene Qualität unseres Seins bezeichnen will, der der Urgrund allen Lebens ist, anders gesagt, wo wir alle miteinander verbunden sind.

Ein Meister fragte einst einen Zen-Schüler: »Was machst du da?« »Ich poliere den Ziegelstein, damit ein Diamant daraus wird«, erklärte der Mönch. »Ein sinnloses Unterfangen«, meinte der Meister und ging.

Die Gewaltfreie oder Einfühlsame Kommunikation mit ihrer wertschätzenden Haltung ist das Handwerkszeug, mit dem wir im Alltag »den Stein polieren«, indem wir beispielsweise Vorwürfe in Einladungen verwandeln. Wir üben uns darin, Interpretationen von Beobachtungen zu unterscheiden sowie unsere Bedürfnisse authentisch zu äußern ohne den anderen dafür verantwortlich zu machen. Diese Haltung: immer wieder das Lebensbejahende in einzelnen Handlungen und Äußerungen zu erkennen und anzusprechen, ist wie der Putzlappen des Zen-Schülers, der mit Feuereifer und großem Glauben den Diamanten in jedem noch so verdreckten Ziegelstein zum Strahlen bringen möchte. Spirituelle Übungen, wie das Sitzen in der Stille oder Achtsamkeitsübungen im Alltag:

Bügeln, Waschen, Kochen unterstützen dieses kommunikative Handwerkszeug.

Weshalb aber lobt der Zen-Meister seinen eifrigen Schüler nicht? Er gibt doch sein Bestes! Er bemüht sich redlich, hat großes Vertrauen in Unmögliches. Diese Leistung sollte doch gewürdigt und gefördert werden. »Ein sinnloses Unterfangen!«

Eine befreiende Geste. Er wischt mit einem Handstreich all unser Bemühen, ein perfekter Mensch sein zu wollen, erleuchtet und erfüllt vom göttlichen Funken, vom Tisch. Sinnlos! Wir können weder durch meditative Anstrengung noch durch Verinnerlichung der einfühlsamsten und gewaltlosesten Kommunikationsmethode der Welt dieses »Gott-in-uns-und-wir-in-Gott« erschaffen. Wir können und brauchen keine Buddhanatur zu erzeugen, geschweige denn uns in eine zu verwandeln. Ein sinnloses Unterfangen. Wir sind immer schon Buddhanatur. Wir sind immer schon unser »wahres Selbst«. Das Wesentliche, was unser Menschsein ausmacht, welche Begriffe und Metaphern wir auch dafür gebrauchen, lässt sich nicht durch Leistung erzwingen oder verdienen.

Unser Mensch sein mit all seinen Brüchen, Schatten- und Lichtseiten ist immer Geschenk. Unser Leben, so unvollkommen es auch sein mag, so erschreckend oder glückend, ist immer ein Mysterium. Ein Mysterium, das Gnade ist und Liebe.

Am nächsten Morgen sieht der Zen-Meister, wie der Ziegelstein samt Lappen achtlos in einer Ecke liegen. Als er dem Schüler begegnet, fragt ihn der Meister: »Warum putzt du nicht mehr?« »Es ist doch sinnlos!«, meinte der Mönch. »Du Esel, gerade deswegen darfst du es tun!«, antwortete der Meister.

Die Einsicht in die völlige Sinnlosigkeit ist das befreiende Moment für den leistungsorientierten Zen-Schüler.

Wo er erkennt, dass es durch all sein Bemühen nichts zu erreichen und nicht nichts zu erreichen gibt, da eröffnet sich dem Mönch eine absichtslose Motivation für sein ethisches Handeln.

Diese Haltung einer schlichten Absichtslosigkeit ist der spirituelle Motor für das Bemühen um mehr Achtsamkeit im Alltag. Nicht weil ich ein besserer Mensch sein möchte, vielmehr da Gottes Gegenwart immer schon meine Wirklichkeit hier und jetzt ist, darf ich mich darum bemühen, Ängste und Vorwürfe in lebensbejahende Bedürfnisse und Werte zu wandeln und als solche zu formulieren.

Hinter jedem Vorwurf verbergen sich lebensbejahende Bedürfnisse. Diese gilt es zu heben.

Das spirituelle Bewusstsein, dass der Ziegelstein immer schon Diamant ist, ist uns die Quelle und die Motivation für ein achtsames Miteinander. Es ist ein lebenslanger Übungsweg, auf dem wir mit Hilfe der Gewaltfreien Kommunikation Beschuldigungen in Gefühle und Bedürfnisse umformulieren, urteilsfrei zuhören und aufrichtig für uns selbst einstehen.

»Mit dir zu reden ist vollkommen sinnlos« meint nichts anderes als: »Mir ist wichtig, dass es etwas bringt, wenn wir miteinander reden, dass es effektiv ist und nachhaltig. Dass sich dann wirklich und konkret etwas in unserem Zusammenleben ändert. Ich brauche die Sicherheit, dass unsere Gespräche sinnvoll sind.«

Die Haltung und die vier Schritte der Gewaltfreien Kommunikation unterstützen uns darin, jenen göttlichen Funken in uns zu erkennen und im Alltag immer mehr wirksam werden zu lassen. Werde, wer du immer schon bist!

Ein Weg der Achtsamkeit

Schauen wir uns den Aufbau der Bibel an, so steht am Beginn ein Schöpfungslied (Gen. 1) mit dem immer wiederkehrenden Refrain: »Und Gott sah, dass es gut war!« Danach folgt eine Horrorerzählung nach der anderen: Brudermord, Gefangennahme, Versklavung, Zerstörung, Vergewaltigung, Naturkatastrophen, Verschleppung. Unterbrochen werden die Erzählungen von Heilszusagen, Befreiungslegenden, Gotteserkenntnissen und glückenden Beziehungen. Sowie die Kette der Gewalt anscheinend nicht aufhört, so hat auch das Heil seine Geschichte und Erwartung.

All diesen schrecklichen und stärkenden Ereignissen ist das göttliche »Amen« vorangestellt. »Und Gott sah, dass es gut war« ist die Bassstimme, die all das Lieben, Leiden, Sterben und Heilen wie ein unerschöpflicher unterirdischer Strom begleitet. Dieses Ja Gottes, gilt dem Ganzen der Geschichte wie einem jeden Einzelnen von uns.

Dieses positive Menschenbild, diese bedingungslose Wertschätzung, die um die Abgründe menschlichen Handelns weiß, findet sich auch in der Einfühlsamen Kommunikation nach Marshall Rosenberg. Hinter jedem noch so tragischen Ereignis verbergen sich lebensbejahende Bedürfnisse, sagt er als Jude![4]

Bedürfnisse bezeichnen in der Gewaltfreien Kommunikation immer lebensbejahende Werte wie beispielsweise Geborgenheit, Anerkennung, Sicherheit, Respekt, Sinn, Effektivität, Intimität und vieles mehr.

Diese lebensbejahenden Werte, Bedürfnisse oder Interessen verbinden uns Menschen über Geschlecht, Alter oder Ethnie hinweg.

»Das ist mir alles zu viel. Das schaffe ich nicht«, wird gewandelt in: »Wenn ich die Menge an unerledigten Arbeiten vor mir sehe, dann fühle ich mich erschöpft und hilflos, weil ich Zeiträume brauche, um neue Kraft zu schöpfen und Klarheit und Ordnung, wie und wann ich die einzelnen Dinge erledigen kann. Ich brauche jemanden, der mir hilft. Ich werde Karin heute anrufen und fragen, ob Sie mir beim Sortieren helfen kann.«

Die Gewaltfreie Kommunikation wandelt eine negative, vorwurfsbeladene Sprache in eine konstruktive bedürfnisfundierte und lösungsorientierte. Die Person, die enttäuscht, verärgert, traurig oder frustriert ist, horcht auf diese oder ähnliche Gefühle, versteht sie als Wegweiser zu Bedürfnissen, die wahrgenommen und wertgeschätzt werden möchten.

Gefühle zeigen den Weg zu lebensbejahenden Bedürfnissen und Werten.

Statt gefangen und verstrickt in einem Wust aus Gefühlen vor sich hinzukochen, zeigt die Gewaltfreie Kommunikation den Weg aus der Passivität in ein eigenverantwortliches und kooperatives Handeln.

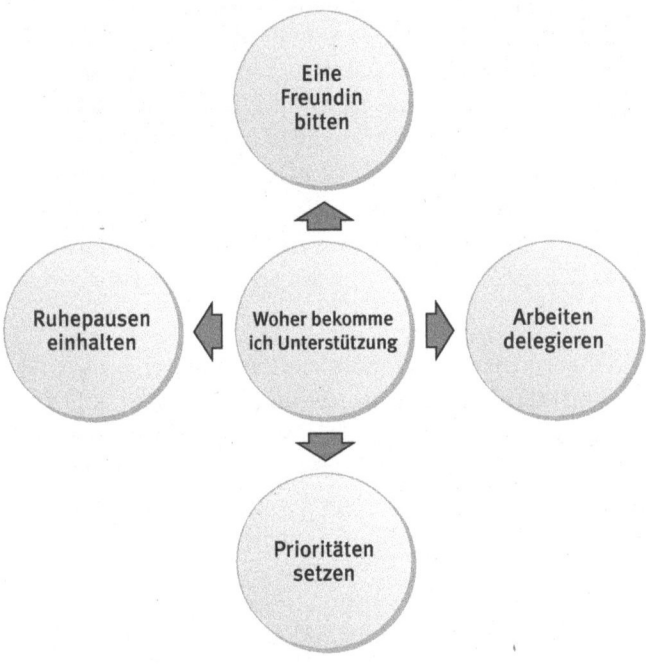

Es eröffnet sich eine Fülle neuer Handlungsmöglichkeiten.

Der Weg der Einfühlsamen Kommunikation ist ein Weg des achtsamen Umgangs mit sich selbst und anderen. Wir schenken uns selbst und dem anderen Be-Achtung.

Wie das Sitzen in der Stille oder andere meditative Achtsamkeitsübungen reinigt die Selbstemphatie, also die Einfühlung in einen Selbst, den Geist von den Verstrickungen in Interpretationen, Anklagen und Vorwürfen. Meditieren wird gern als Zähneputzen des Geistes bezeichnet. Die Gewaltfreie Kommunikation im Alltag ist das Reinigen der Beziehungen und Interaktionen.

Wir unterscheiden hier die Selbstempathie von der Empathie mit dem anderen. Grundsätzlich gilt die Einfühlung in einen selbst als Tor zur Empathie mit dem anderen. Die Dynamik ist hier analog der biblischen Einladung: Liebe deinen Nächsten wie dich selbst. Wie oft wurde jedoch gerade in caritativen Berufen die gesunde Selbstliebe als Quelle für eine praktische Nächstenliebe verleugnet.

Ein spiritueller Übungsweg kann mit der Frage beginnen: Wer bin ich? Doch endet er nicht damit. Das meditative sich selbst in der Stille Aushalten und Infrage stellen eröffnet den Weg zum Anderen, zu allen.

Im Zen drückt das die traditionelle Doppelbotschaft eines Meisters an seine Schüler aus.

1. Du bist Buddha.
2. Alle anderen sind es auch.

Sowie spirituelle Selbst- und Welterkenntnis Dynamiken sind, so eröffnet auch der Weg der wertschätzenden Einfühlung mit sich selbst den Weg zur Empathie mit dem Anderen.

Modell der Gewaltfreien oder Einfühlsamen Kommunikation

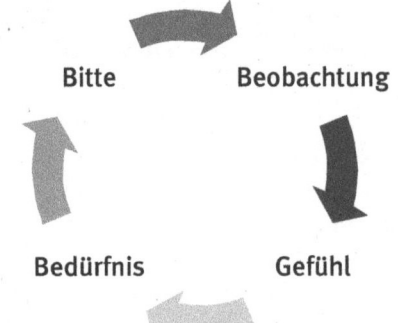

Bitte   **Beobachtung**

Bedürfnis   **Gefühl**

 1. Schritt: Ich beschreibe urteilsfrei eine Handlung, die ich sehe oder höre.
»Wenn ich sehe, dass du deinem Bruder auf den Rücken schlägst, …

 2. Schritt: Ich spüre nach und benenne, wie ich mich bei dieser konkreten Handlung fühle.
»… bin ich irritiert und besorgt, …«

 3. Schritt: Ich benenne das oder die möglichen Bedürfnisse, auf die meine Gefühle mich hinweisen.
»… weil mir wichtig ist, dass ihr eure Auseinandersetzungen ohne Gewalt lösen könnt. (Wohlergehen, Gesundheit)

 4. Schritt: Ich äußere eine konkrete, machbare und positiv formulierte Bitte oder Anfrage an mich und/oder den anderen.
»… daher möchte ich mit euch Absprachen treffen, wie ihr miteinander umgehen könnt, wenn ihr gerade wütend seid.

Ein empathischer Prozess ist ein Dialog zwischen einem Ich und einem Du, wobei sowohl das jeweilige Ich und Du ihre Beobachtungen, Gefühle, Bedürfnisse und Anfragen aufrichtig ausdrücken und dem anderen einfühlsam zuhören.

Was verstehen wir unter einer spirituellen Lebenspraxis?

Wenn Kinder die Welt erforschen, fragen sie mit allen Sinnen. Sie riechen am Holz, sie schmecken, sie spüren, sie lauschen, sie bewegen sich und das andere Ding. Sie entdecken ihre Welt und sich selbst mit allen Sinnen. Diese Welt ist faszinierend und lustvoll. Mit unseren Augen, Ohren, mit Händen, Kopf und Herz nehmen wir Dinge wahr, benennen sie, ordnen sie nach Größe, Farbe oder Gewicht. In dieser Ordnung, die wir den Dingen geben, geben wir uns selbst eine Bedeutung und einen Platz.

Manche Menschen bleiben ihr Leben lang in dieser sinnlichen Wahrnehmung und Deutung. *Das* ist wirklich, was wir sehen, schmecken, riechen und ordnen können.

Manche Kinder und Erwachsene fragen weiter: »Wie wird aus dem Stück Holz ein Baum oder war der Baum erst und dann das Holzstück? Wie wird aus einem Baum ein Baum? Gibt es einen Zusammenhang zwischen mir und dem Baum?«

Wir fragen nach logischen, rational nachvollziehbaren Zusammenhängen. Wir versuchen uns die Welt zu erklären, in der Praxis und in der Theorie. Unserer Vorstellungskraft und Vernunft kommt dabei große Bedeutung zu. In den Erklärungszusammenhängen hat auch der Mensch als sich selbstreflektierendes Wesen seinen Platz.

Wirklich ist, was wir uns vorstellen und erklären können.

Manche Kinder und Erwachsene wissen genau, was sie *nicht* für wahr halten oder an was sie nicht glauben.

»An einen Gott, der die Ägypter im Meer ertrinken lässt und ein anderes Volk rettet, glaube ich nicht. Der ist ungerecht.« (Micha, 7 Jahre)

Diese großen und kleinen Zweifler wollen nicht einfach für wahr halten, was ihnen an Wahrheiten oder Erklärungen angeboten wird. Sie wollen selbst erkennen, wie Thomas, der seine Hand in die Wunde Jesu legt.

Thomas berührt hier nicht einfach ein Stück Fleisch, wie Kinder ein Stück Holz mit all ihren Sinnen abtasten können. Thomas berührt und wird berührt von dem, der gestorben ist und doch lebt. In dieser bildhaften Erzählung geht es nicht um die Dokumentation eines Tatsachenberichts. Der Glaube des Thomas ist sein Un-glaube. Er sehnt sich nach dem, was wir nicht sehen, nicht schmecken, nicht hören, nicht riechen können. Er sehnt sich nach der Einheit der sinnlich wahrnehmbaren, erklärbaren Welt mit jener Wirklichkeit, die wir nicht mehr beschreiben können: das Nicht-Sein, was kein Auge je gesehen hat, was kein Ohr je gehört und keine Hand je gespürt hat.

Thomas schmeckt in dieser biblischen Erzählung die Weisheit des Nicht-Wissens. Das macht ihn ungläubig gegenüber all dem, was er für wahr halten soll. Gläubig allerdings und erkannt in der Einheit von Sein und Nicht-Sein. Thomas erkennt nicht nur, dass es da noch eine andere Welt gibt als die sinnlich wahrnehmbare, er wird auch erkannt als mehr und anders als nur ein Individuum mit biologischen Daten. Dieses Legen der Hand in die Wunde des auferstandenen Christus ist ein Initiationsritus in die *Eine* Welt von Sehen und Nicht-Sehen, Erkennen und Nicht-Erkennen, Leben und Tod.

Thomas sieht oder erkennt mit seinem Herzen die All-verbundenheit allen Lebens. Es ist eine schmerzvolle Einsicht, denn auf diesem Weg der Erkenntnis können wir die Augen nicht vor dem Leid in und um uns verschließen. Auf diesem Weg der Erkenntnis dürfen wir uns mit dem Tod und Sterben anfreunden, mit Leid, Gewalt, Tränen und Trauer.

Spirituelle Lebenspraxis bedeutet für uns diesen alltäglichen Weg der sinnlichen Wahrnehmung, des vernünftigen Reflektierens, sowie des radikalen Zweifels und tiefen Glaubens in die Verbundenheit allen Lebens achtsam zu gestalten.

Radikaler Zweifel und tiefer Glaube sind Geschwister. Ersteres lässt uns immer wieder staunen, in Frage stellen, und nährt die Sehnsucht nach dem, was ist und was nicht ist, nach der Einheit von Leere und Fülle. Unser tiefer Glaube wurzelt in der Einsichtserfahrung, geliebt und getragen zu sein. Da unser Leben sich nicht auf das beschränkt, was wir sehen und riechen und verstehen können, vielmehr auch auf das, was wir nicht wissen können, bezeichnen wir unser Leben als Mysterium. Ein Mysterium, das Gnade ist, Liebe trotz all der Gewalt im Großen und Kleinen.

Was verstehen wir unter einer empathischen Begegnung?

Es gibt unterschiedliche Arten, wie wir miteinander kommunizieren oder einander begegnen können.

- Wir reden aneinander vorbei, indem wir beispielsweise auf den eigenen Positionen beharren oder uns nicht eindeutig und klar ausdrücken, was wir wirklich wollen oder brauchen.

> Frau: »Du arbeitest zu viel!«
> Mann: »Ja, ich könnte mal wieder in die Sauna gehen.«
> Die Frau verlässt beleidigt das Zimmer. Hinter ihrer
> Aussage verbarg sich unausgesprochen nicht nur die
> Sorge um eine Überarbeitung ihres Mannes, vielmehr
> der Wunsch nach gemeinsam verbrachter Zeit.

- Wir versuchen den anderen freundlich oder mit mehr
  oder weniger Kraftanstrengung von der eigenen Meinung zu überzeugen, ohne überhaupt wahrzunehmen,
  was in dem anderen an Werten vorhanden ist.

> Vater: »Hast du schon die Klassenlektüre gelesen?«
> Kind: »Nein! Mich interessiert das nicht. Ich will lie-
> ber etwas über Germanen und Kelten lesen.«
> Vater: »Das ist jetzt nicht gefragt. Lies, was dir aufge-
> geben wird.«

- Beide Beteiligten versuchen den jeweils anderen von
  ihrer eigenen Position mit mehr oder weniger Druck
  zu überzeugen.

> Mann: »Weihnachten ist ein Familienfest. Das ver-
> bringt man zu Hause!«
> Frau: »Mir ist der Weihnachtsstress zu viel. Ich will
> dieses Jahr nichts damit zu tun haben und möchte in
> der Zeit in den Süden fliegen, mit oder ohne dich!«

Allen diesen Dialogformen ist gemeinsam, dass keine
wirkliche Begegnung stattfindet. Wir können oft auch davon ausgehen, dass die sprechenden Personen sich selbst
ihrer eigenen Gefühle und ursächlichen Bedürfnisse nicht
wirklich bewusst sind.

Die Gewaltfreie oder Einfühlsame Kommunikation steigt aus diesem Spiel des Rechthabens und aneinander Vorbeiredens aus.

Selbstempathie der Frau: Ich merke seit einigen Wochen, dass Eric jeden Abend erst um 19.00 Uhr von der Arbeit kommt, beim Essen wenig redet und sich dann teilnahmslos vor den Fernseher setzt. Ich bin frustriert, weil ich gern in meinem Mann einen Gesprächspartner hätte, der neben der Arbeit auch noch gerne Zeit mit mir verbringt. Ich werde das in Ruhe am Wochenende mit ihm besprechen.

Die Frau kommt für sich selbst auf und schenkt Empathie:

»Eric, ich möchte gern mit dir wieder etwas Gemeinsames machen. Ich habe auch bemerkt, dass die letzten Wochen ziemlich arbeitsintensiv für dich waren.«

Eric: »Hmmm, ja.«

Frau: »Wie wäre, es wenn wir uns beide heute was Gutes tun? Wir könnten ins Kino oder in die Sauna gehen?«

Eric: »Sauna, klasse, ja, lass uns gehen. Das tut uns sicher gut.«

Die vier Schritte der Einfühlsamen Kommunikation

Beobachten statt Interpretieren nennt sich der sogenannte erste der Vier Schritte in der Gewaltfreien Kommunikation.

Wichtig ist die Unterscheidung zwischen dem, was ich sehe und höre von dem, was ich in meinen Gedanken daraus mache. Urteile und Interpretationen sind sekundär und vernebeln oftmals den Blick für eine dialogische Begegnung.

»Ich bin dir nicht wichtig!«

Manche meinen vielleicht, dieser Gedanke oder Ausspruch wäre eine Beobachtung oder Wahrnehmung. Es ist ein Urteil, das jemand aufgrund enttäuschter Erwartungen fällen könnte – vielleicht auch eine Projektion. Es ist ein Ausdruck einer Angst, einer Unsicherheit, weil möglicherweise das Grundbedürfnis nach Anerkennung nicht erfüllt ist.

Was könnte die Beobachtung hinter dieser Interpretation sein?

Der Mann bringt einen Topf Primeln statt einem Bund roter Rosen zum Hochzeitstag mit. Der Mann kommt überhaupt nur mit Aktentasche in der Hand nach Hause.

Das Kind sagt, es möchte das Wochenende beim Vater sein oder lieber mit seinen Freunden umherziehen, als die Mutter zu besuchen.

Viele andere Handlungen können zum Anlass werden, damit bei jemandem das unerfüllte Bedürfnis nach Anerkennung, Liebe, Geborgenheit oder Gemeinsamkeit aktiviert wird.

In der Gewaltfreien Kommunikation unterscheiden wir zwischen Interpretation und Beobachtung. Diese »Unterscheidung der Geister« oder Differenzierung ist auch eine spirituelle Übung der achtsamen Wahrnehmung. Der erste Schritt der Gewaltfreien Kommunikation beschreibt eine aktive Handlung:

> Ich habe zehn Minuten gewartet, danach bin ich wie-
> der gefahren.
> Statt des Vorwurfes: Du bist unzuverlässig!

Die offene Beobachtung beschreibt immer eine Handlung, wertfrei – ohne Verurteilung.

Spirituelle Übungen, wie die Kontemplation oder die
Zen-Praxis, unterstützen diesen urteilsfreien Geist durch
ihre reinigende Wirkung, das Loslassen von Verhaftet sein
an Meinungen, Gedanken, Gefühlen.

Vorgefasste Meinungen über uns selbst, Gott, Buddha
und andere sind ein starkes Bollwerk, das ein wirkliches
Erkennen vereitelt.

Im Zen heißt es deshalb:

Triffst du Buddha, töte Buddha.

Diese Weisung meint ein radikales Loslassen von allen
Vorstellungen, was, wer oder wie Buddha, ich oder der
Nachbar sein könnte. Triffst du auf eine Vorstellung von
dir, von deiner Nachbarin in dir oder von Gott, dann
vernichte diese Vorstellung, lass sie gehen, hänge nicht an
ihr. Wo wir uns immer wieder von Verhaftungen an bestimmte gut- oder schlechtgemeinte Bilder und Interpretationen reinigen, kann Einsicht stattfinden.

Das gilt für das spirituelle wie für das zwischenmenschliche Erkennen. Wirklich erkennen geschieht bildhaft gesprochen in der Nacktheit von Adam und Eva, wo kein
Werturteil, kein Etikett und keine vorgefasste Meinung
über uns oder den Anderen unsere Blöße verdeckt.

Im alltäglichen Miteinander sind es Vorwürfe, Anklagen oder Interpretationen, die eine klare Kommunikation
erschweren. Der erste Schritt der Gewaltfreien Kommunikation, der eine Handlung beschreibt, ebnet den Weg
zu einer wertschätzenden Begegnung.

Beschreibe, was du siehst oder hörst.

Der zweite und dritte Schritt, das Wahrnehmen, Wertschätzen und Benennen von Gefühlen und ihren ursächlichen Bedürfnissen ist das Herz der Einfühlsamen Kommunikation.

Ich bin nicht wütend, traurig, frustriert, weil jemand anderer irgendetwas gemacht hat, vielmehr, weil bestimmte ursächliche Bedürfnisse weder wahrgenommen noch wertgeschätzt wurden.

> Vorwurf: Du bist unzuverlässig!
> Schritt 1: Beobachtung: Ich habe zehn Minuten gewartet.
> Schritt 2: Ich bin ärgerlich,
> Schritt 3: weil mir Verlässlichkeit wichtig ist, und dass ich meine Zeit sinnvoll verwende.

Der vierte Schritt konkretisiert das vielfältige Angebot an Möglichkeiten, wie die wahrgenommenen Bedürfnisse wertgeschätzt und erfüllt werden können.

> Vorwurf: Du bist unzuverlässig!
> Schritt 1: Beobachtung: Ich habe zehn Minuten gewartet.
> Schritt 2: Gefühle: Ich bin ärgerlich,
> Schritt 3: Bedürfnisse: weil mir Verlässlichkeit wichtig ist, und dass ich meine Zeit sinnvoll verwende.
> Schritt 4: Bitte oder Lösungsebene: deshalb bin ich gegangen, habe eine andere Kollegin um Rat gefragt und möchte mit dir jetzt klären, wie wir verlässliche Vereinbarungen treffen können.

Der Mensch, der in der Energie des Vorwurfs stecken bleibt, macht sich selbst handlungsunfähig. Die Person, die sich ihrer ursächlichen Bedürfnisse bewusst wird, eröffnet sich selbst und dem anderen einen Spielraum der Begegnungen.

Mit dem vierten Schritt, wo wir Anfragen oder Bitten in den Raum stellen ohne zu fordern – und offen für ein »Nein« sind, übernehmen wir Eigenverantwortung und dienen damit dem Leben. Die Haltung, die diesem vierten Schritt seine Bedeutung gibt, ist nicht die Höflichkeit, vielmehr die Offenheit und Dankbarkeit hinter einem »Nein«, wenn eine Anfrage vom Gegenüber abgelehnt wird. Hinter einem »Nein« verbergen sich lebensbejahende Bedürfnisse.

Vater: »Hast du schon die Klassenlektüre gelesen?«
Kind: »Nein! Mich interessiert das nicht. Ich will lieber etwas über Germanen und Kelten lesen.«
Vater: »Geschichtliche Themen interessieren Dich!? Hast du das deiner Klassenlehrerin schon mal gesagt? In der Bibliothek gibt es eine Reihe von guten Büchern über diese Zeit ...«

Bedürfnisse, die hinter einem »Nein« zum Vorschein kommen, bereichern unser Leben und machen uns manchmal unbequem.

Diese alltäglichen »Neins« zeigen eine wichtige Grenze auf, wo ein Stück Wahrhaftigkeit aufblitzen möchte.

Es ist ein Irrtum zu meinen, in der Gewaltfreien Kommunikation ginge es darum, jedem sofort und gleich alle Bedürfnisse zu befriedigen. Sie lädt zu wahrhaftigen Begegnungen ein, wobei klare Grenzziehungen den Raum zur Begegnung ermöglichen. Nur nützen wir diese Chancen im Alltag, wenn uns Ablehnungen, Verweigerung oder die kalte Schulter begegnen? Lassen wir uns davon abschrecken oder bleiben wir in Verbindung mit der Person in Respekt vor ihrem »Nein«?

In der Mystik gibt es eine wichtige Analogie zu diesem »Nein« in der Kommunikation: die verneinende oder negative Theologie. Da Gott oder Gottes Wirklichkeit kein fassbares »Ding« oder »Wesen« ist, können wir ihn/sie/es auch nicht positiv beschreiben. Zwar verwenden wir gerne emotional positiv besetzte Worte wie Liebe, Leben, oder philosophische Begriffe wie das »Sein an sich« oder »Das Eine ohne das Andere« auch Bildworte wie Weinstock, guter Hirte, Paradoxien wie der unverbrennbare brennende Dornbusch usw.

Doch all diese gutgemeinten Umschreibungen sind der Finger, der zum Mond weist, nicht der Mond selbst.

Im Islam gibt es die 99 Namen Allahs, doch der hundertste Namen, der un-bekannte, un-aussprechbare birgt und offenbart das Mysterium Gottes.

Wo wir dem Schweigen, dem Nichtwissen vor der Wirklichkeit Gottes und unserer Wirklichkeit Raum geben, da können Begegnungen in einer fruchtbaren Ehrfurcht stattfinden. Wie oft meinen wir, dass wir eine andere Person ganz genau kennen, sie durchschauen und wissen, warum sie so und nicht anders handelt, denn sie ist ja ... und jetzt kann eine Reihe von Etiketten und Zuschreibungen folgen. Nichts wissen wir, über das Wesen und Mysterium der dummen, nervenden Nachbarin, die ihre Hunde nicht anleint, auch wenn wir sie möglicherweise psychoanalytisch durchdeklinieren könnten.

Die Offenheit für ein Nein ermöglicht und bereichert die Begegnung unter uns Menschen.

Die Offenheit für das »Nichtsein«, für das Schweigen Gottes und der Menschen schenkt unserem Leben Tiefe und Sinn.

Wie ergänzen sich Spiritualität und die Gewaltfreie Kommunikation?

Natürlich kann einer ein zutiefst spiritueller und sogenannter erleuchteter Mensch sein, ohne auch nur etwas von den Vier Schritten der Einfühlsamen Kommunikation zu ahnen.

Natürlich kann jemand die Haltung und Methoden der Gewaltfreien Kommunikation praktizieren und trainieren, ohne sich seiner oder ihrer persönlichen Spiritualität bewusst zu sein.

Wir als Theologen und Zen-Praktizierende sowie Übende der Einfühlsamen Kommunikation erleben von Anfang an eine sinnvolle Synergie. Für uns ist es ein gemeinsamer Übungsweg und wir sind überzeugt, dass es dies auch für andere Menschen sein kann. Uns ist eine Spiritualität des Alltags und im Alltag wichtig. In unserer eigenen spirituellen Biographie wurde mit den Jahren immer deutlicher und dringender, dass alle sogenannten gelösten Koans (traditionelle Übungstexte im Zen) im Sesshin zwar wundervolle Highlights auf dem meditativen Weg sind, der gemeinsame Alltag als Paar, Familie und Berufstätige ist jedoch das eigentliche Koan.

Die spirituelle Praxis ist der Alltag mit all seinen Unzulänglichkeiten, Schmerzen, Freuden.

Hier hilft die Gewaltfreie Kommunikation, dass mögliche Konflikte geklärt werden können, dass Frau und Mann und Kinder selbstbewusster werden und so miteinander kooperieren können. Und scheitern lernen. Unsere spirituelle meditative Praxis bewahrt uns vor einem Perfektionismus, nur noch gewaltfrei und empathisch zu agieren. Ein spirituelles Bewusstsein kennzeichnet einen tiefen liebenden Humor, wie wir ihn bei vielen Zen-Meistern, christlichen Mystikern oder auch bei Franz von Assisi finden. Die Gewaltfreie Kommunikation braucht Humor, da wir einander andernfalls vielleicht vor lauter Empathie nur noch Bedürfnisse und Werte um die Ohren schmeißen.

Die Einfühlsame Kommunikation hilft den Stein zu polieren. Die spirituelle Praxis schenkt das Vertrauen, dass das sinnlos ist und lässt uns mit einem lächelnden und liebenden Herzen weitermachen.

»Lächeln«[5]

Empathische Präsenz und mystisches Bewusstsein

Ein Kind ruft: »Mama!« Die Mutter sagt: »Ja.« Wer ruft und wer antwortet? Auf der Ebene unseres Alltagsbewusstseins ist das eine unnötige Frage, das rufende Kind und die Antwortende sind und werden klar unterschieden. Sagt die Mutter nicht nur: »Ja«, sondern schenkt sie ihrem Kind in dem Moment auch wirklich ihre Aufmerksamkeit, dann nennen wir das eine empathische Präsenz. Wir verbinden uns mit den Bedürfnissen und Werten des jeweils anderen und mit unseren eigenen. Die Gewaltfreie oder Einfühlsame Kommunikation mit ihren vier Schritten ist der Übungsweg zu dieser empathischen Präsenz im Alltag.

Nehmen wir aktuelle Bedürfnisse und Werte wahr, so finden wir das Verbindende in der je konkreten Situation und Beziehung, um gemeinsam an konstruktiven Lösungen zu arbeiten.

Ein mystischer oder nicht-dualistischer spiritueller Übungsweg vertieft diese einfühlsame Verbundenheit und verleiht ihr eine neue Qualität.

In der empathischen Präsenz haben wir immer noch ein Ich-Bewusstsein, ich unterschiede mich von dem anderen – und das ist gut so.

Ein nicht-dualistischer oder mystischer Übungsweg, wie Zen oder die Kontemplation, kann uns zur Einsicht führen, dass Gott und die Welt, Ich und Du Nicht-zwei sind. Dieser verneinende Ausdruck weist auf die Einsicht einer Einheit in Unterschiedenheit hin. Eine biblische Metapher ist dafür die jesuanische Rede vom Weinstock und der Reben (Joh. 15). Das Bild von Gott als Weinstock und wir als seine Früchte besagt, dass in uns allen, in Gott und Gottes ganzer Schöpfung, ein und derselbe »Lebenssaft« fließt. Wir sind in Gott, wie Gott in uns ist, nicht getrennt und doch unterschieden.

Ein anderes paradoxes Bild, das ein mystisches oder nicht-dualistisches Bewusstsein zum Ausdruck bringt, ist die Rede von Gott als dem »Ganz Anderen«. Der Begriff »ganz« weist auf unser aller Aufgehoben sein in dem Einen-ohne-ein-Anderes« hin. Dieses »Eine-ohne-ein-Anderes« ist nun doch Anders und entzieht sich damit jeder religiösen, philosophischen wie politischen Bestimmung. Der Ausdruck Gott als der Ganz Andere entzieht sich unserer Vorstellungskraft. Das Moment des Unfassbaren, des Nicht-Verfügbaren kommt darin zum Ausdruck. Was uns alle im Wesen ausmacht, ist ein gemeinsamen Urgrund, unfassbar und unergründlich.

Die Aussage Gott und Mensch sind eins, könnte uns zur Überheblichkeit verführen. Die Einsicht Gott und Mensch sind nicht-zwei gibt einer spirituellen und ethischen Demut notwendigen Raum.

Die mystische Einsicht in die Allverbundenheit allen Lebens oder in die Nicht-Zweiheit lässt alltägliche Konflikte in einem neuen Licht erscheinen. In welchem Bewusstsein oder mit welcher Haltung begegne ich mir und meinem Konfliktpartner? Erkenne ich nur das, was uns unterscheidet? Wer ist mir Feind, wenn ich Feinde habe?

Wann wird es Tag?

Ein Weiser wurde von seinen Schülern gefragt: »Wie kann man den Zeitpunkt bestimmen, da die Nacht schwindet und der Tag beginnt? Ist es dann, wenn man von weitem ein Schaf von einem Hund unterschieden kann?«

»Nein, das ist es nicht«, sagte der Meister.

»Ist es dann, wenn man im dämmrigen Morgengrauen einen Apfelbaum und einen Birnbaum auseinanderhalten kann?«

»Auch das ist es nicht«, gab der Weise zurück.

»Wann ist es dann?«, wollten seine Jünger wissen.

»Es ist dann«, sagte der Wissende, »wenn ihr in das Angesicht irgendeines Menschen schaut und darin eure Schwester oder euren Bruder erkennt. Dann wird es Tag, und die Finsternis schwindet. Solange dies nicht geschieht, ist es Nacht auf unserer Erde.«[6]

»Liebe deinen Nächsten wie dich selbst!«, mutet uns Jesus in seiner Bergpredigt zu. Dies ist nicht einfach ein moralischer Imperativ, der Gräben zwischen Menschen überbrücken möchte.

Ich liebe meinen Nächsten, wo ich mich selbst liebe.

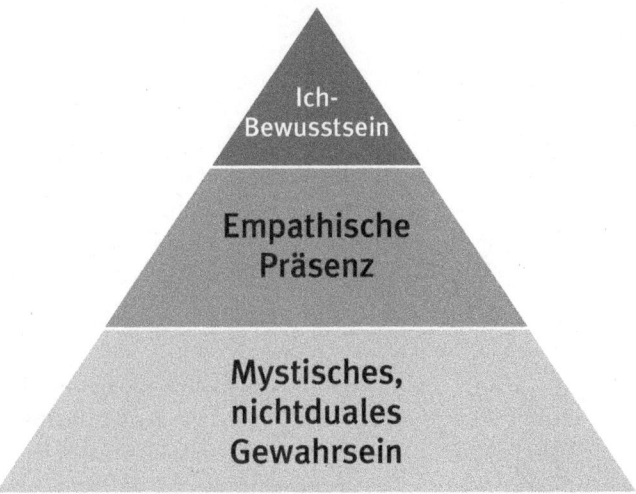

Wahrhaftigkeit
mir selbst gegenüber

Ein verwirrter Mensch oder jemand, der mit sich selbst nicht im Reinen ist, gleicht einem aufgewühlten Tümpel. In einem Tümpel können Seerosen wurzeln, doch damit sie erblühen und ihre Pracht entfalten, begeben sie sich auf den Weg durch den Schlamm und durch trübes Wasser dem klaren Licht der Sonne entgegen. Gestärkt und genährt durch das Dunkle und Schlammige, öffnen sie sich in der Wärme. Wo wir uns selbst über unsere Werte, Bedürfnisse und Gefühle nicht im Klaren sind, da können wir leicht in einem Sumpf gedanklicher und emotionaler Verstrickungen versinken. So wie ein Spaziergang im Wald oder stilles Sitzen einen aufgewühlten Geist beruhigen kann, so verhelfen auch die vier Schritte der Einfühlsamen Kommunikation sich selbst über persönliche Ursachen von Ärger, Trauer oder Freude bewusst zu werden. Geben wir uns selbst Einfühlung, dann stärken wir uns, denn wir verbinden uns dabei mit dem, was gerade in uns lebt und gesehen werden möchte. Sich selbst gegenüber wahrhaftig zu sein, ist nicht immer einfach, da wir uns dann nicht mehr hinter anderen verstecken können. Wo wir uns selbst Einfühlung geben, berühren wir unsere verletzlichen Seiten, doch auch unsere gewaltbereiten, unseren Schatten. In schwierigen Situationen wahrhaftig sich selbst gegenüber zu sein, bedeutet (wieder) Eigenverantwortung für sein Fühlen, Denken, Lassen und Handeln zu übernehmen. Es bedeutet uneingeschränkt »ja« zu einem selbst zu sagen.

Ich will auch mal explodieren
oder Wie langweilig sind Giraffen

Wer die Gewaltfreie Kommunikation kennenlernt, ist wahrscheinlich von der Kraft der Empathie begeistert, die es uns ermöglicht, Vorwürfe in lebensbejahende Bedürfnisse und Werte zu wandeln.

Vielen stellt sich jedoch bald die Frage, ist das denn nicht alles künstlich? Darf ich jetzt überhaupt noch wütend sein?!

Sei wütend und genieße es!

Das Anliegen der Einfühlsamen Kommunikation ist es nicht, sich emotional zu amputieren. Im Gegenteil, sie ist ein Übungsweg zu mehr emotionaler Lebendigkeit und Wahrhaftigkeit.

Marshall Rosenberg, der Begründer der Gewaltfreien Kommunikation, spricht gerne vom »Wolfstheater im Kopf«[7] und von dem Genießen dieser inneren Wolfshow. Wenn du wütend, ärgerlich, traurig, enttäuscht bist, dann hocke dich mit einer Tüte Popcorn hin und genieße deine eigene mehr oder weniger temperamentvolle Wolfshow.

Das gilt auch für das »Explodieren« im Alltag. Sei dir bewusst, dass das jetzt dein Wolf war und höre es dir nach einer Weile mit Giraffenohren an. Sollte dein Wutausbruch einen anderen getroffen haben, dann frag ihn, ob du es ihm nochmals als Giraffe mitteilen darfst.

Wolf, manchmal auch Schakal genannt sowie die Giraffe sind Symboltiere. Der »Wolf« steht für die Sprache der Anklage, der Vorwürfe, der Interpretation und des Besserwissens. Der Wolf weiß haargenau, wer die Schuld an all dem Schlamassel trägt. Wolfsprache bedient sich gerne des erhobenen Zeigefingers und der Demütigung. Der Wolf zeichnet sich dadurch aus, dass er von sich und seinen Gefühlen entfremdet ist.

Wolfsprache der Anklage, Interpretation, Verurteilung, Unterstellung:

»Du verstehst mich nicht! Du willst mich ja gar nicht verstehen!«

Die Giraffe, das Landtier mit dem größten Herzen, versteht die Kunst, diesen Knoten in der Zunge zu lösen und ohne Bewertung zu beschreiben und zwischen dem Anlass eines Ärgers und dessen Ursache, dem unerfüllten Bedürfnis zu unterscheiden. Die Giraffe hört hinter den Anklagen Gefühle und Bedürfnisse heraus. Sie verfügt über Übersetzerohren, sodass Schuldzuweisungen entmachtet werden und Raum zur Begegnung geschaffen wird. Die Giraffe zeichnet eine Haltung der Dankbarkeit für ein Nein und eine Freude am Feiern aus. Sie kann sich freuen über die kleinen Dinge des Lebens, die Wertschätzungen am Wegesrand.

Giraffensprache mit Gefühlen und Bedürfnissen verbunden:

»Ich bin verwirrt (verunsichert), weil ich den Eindruck habe, dass ich gerade nicht so verstanden werde, wie ich es meine. Das ist mir jedoch wichtig, deshalb möchte ich dir meine Perspektive, meine Meinung dazu nochmals mit anderen Worten deutlich machen.«

Der Wolfsanteil in uns neigt möglicherweise dazu, lauthals zu blaffen, aber einer klärenden Begegnung aus dem Weg zu gehen. In der Hinsicht ist er lautstark, doch konfliktscheu.

Sich eine Wolfshow zuzugestehen, und das mit Lust, ebnet den Weg zu mehr Konfliktfreudigkeit im Alltag.

Wolfshow: »Ich strample mich Tag ein Tag aus ab, um den blöden Haushalt in Ordnung zu bekommen, Taxi für die Kinder zu spielen, dabei noch beruflich tätig zu sein, mich um Hausaufgaben, Nachhilfestunden, Doktorbesuche der Kinder zu kümmern, hetze herum, um es dir ja recht zu machen, damit kein Ärger im Haus ist, wenn du kommst. Ständig spiel ich Vermittlerin zwischen dir und den Kindern, weil du es ja nicht schaffst, ruhig auf die Kinder einzugehen. Ich werde selbst schon ganz aggressiv mit ihnen, nur damit Harmonie und Ruhe im Haus ist. Das ist ja verrückt!

Was kümmert mich der ganze Haushalt, ob es sauber oder dreckig ist, bin ich deine Mutter? Putz selber. Ich kann mit Dreck leben. Lieber wäre mir ein Mann, der auch mal für mich da ist. Der nicht noch zusätzlich eine Belastung ist und mir nur Wünsche und Forderungen für den Tag am Frühstückstisch hinterlässt.

Die Besuche bei deiner Familie und deinen Freunden kotzen mich bis obenhin an. Das sind langweilige Bauerntölpel. Moraline Katholiken in Eichenschrankmöbeln. Viel zu alt für mich. Da vergeude ich meine Zeit.

Wo bleib ich bei dem Ganzen?

Ich bin in all den Jahren fett, unglücklich und unzufrieden mit mir selbst geworden, und das nur wegen dir!!«

So eine Wolfshow hat etwas Befreiendes. Wichtig ist, dass wir sie wirklich genießen können. Es ist ein Losdonnern mit Worten, das in manchen Fällen in einer Lachsalve endet. Stellen Sie sich eine solche Wolfshow wie die oben zitierte vor mit einer roten Clownsnase im Gesicht. Da können wir uns mit all dem Schmerz und Frust, der hier zum Ausdruck kommt, nicht mehr tierisch ernst nehmen. Die selbst inszenierte Opferrolle wirkt nur noch lächerlich. Und, wo Humor ins Spiel kommt, da fließt Leben. Da wird es wieder lebendig. Das Genießen der Wolfshow lädt die Giraffe in uns ein, in Erscheinung zu treten. Je stärker der Wolf, so authentischer kann die Giraffe mit den Gefühlen und Werten der Person in Verbindung kommen.

Kinder verfügen manchmal über die Gabe, die Wolfshows ihrer Eltern zu entlarven. Sie erkennen, wie der Erwachsene in dem wütenden Geblaffe sein Gesicht verliert, lächerlich wird. Das Grinsen im Gesicht der Kinder kann natürlich den Erwachsenen noch wütender machen. Jetzt wird er nicht mal mit all seinem Gezeter ernst genommen! Doch Kinder erkennen instinktiv, als eine Art Selbstschutz, dass ein blaffender Wolf lächerlich ist, auch wenn er Angst einjagt. Hier liegt ein Grund, weshalb Kinder, die wiederholt und massiv verbaler oder physischer Gewalt ausgesetzt sind, selbst respektlos werden. Gewalt verdient nun mal keinen Respekt. Gewaltvolle Eltern schüchtern Kinder ein und verlieren dabei den Vertrauensbonus ihrer Kinder und deren natürliche Ehrfurcht.

Jede, die schon auf einem Meditationskissen gesessen ist, kennt die Welle oder Flut an Gedanken und Gefühlen, die sie in aller Stille heimsucht.

Lass sie kommen und gehen, wie die Wolken am Fujiyama, lautet meist der Ratschlag des Meditationsbegleiters. Gemeint ist damit ein Nicht-Anhaften an all den Gefühlswallungen und ein Nicht-Verstricken in Tagträumen. Mit jedem Einatmen können Gefühle, Meinungen, Gedanken kommen und mit jedem Ausatmen lassen wir sie wieder ziehen. Diese wahrnehmende Haltung, dass alle Gefühle kommen und gehen dürfen, hat eine reinigende Wirkung auf unseren Geist. Zum einen kann es bei der intensiven Meditation passieren, dass verdrängte Bewusstseinsinhalte und Emotionen sich regen und auftauchen. Die Stille des Nur-Sitzens eröffnet einen heilenden Raum, wo Schmerz und Freude sein dürfen. Viele geübte Meditierende kennen diese Phasen, wo die schmiedeeisernen Ketten zerspringen, die wir im Laufe unseres Lebens um unser Herz gelegt haben, weil der Schmerz so stark war. Dann kann das innere Eis auftauen, das, was im Verborgenen aufgestaut wurde, kann wieder fließen. Dieser Reinigungsprozess bei einer intensiven Meditationspraxis sollte nach Möglichkeit von einem erfahrenen Meditationsbegleiter begleitet werden. Es ist oft eine Phase der heilsamen Einsamkeit, wo wir unserem »inneren Kind« oder »Schatten« begegnen.

Mittelalterlichen Mystiker, wie beispielsweise Johannes vom Kreuz, wissen ein Lied von dieser tränenreichen Begegnung mit dem Selbst zu singen. Johannes vom Kreuz spricht von der »Dunklen Nacht«[8]. Eine andere Metapher für diese Phasen der Reinigung von Ängsten und zermürbenden Gedanken ist die von der »erschreckenden oder schrecklichen Leere«.

Das zur Ruhe kommen der Sinneseindrücke, der bewussten und unbewussten Inhalte, geschieht durch eine liebende Annahme, ein Zulassen und So-Seinlassen. In der Meditation analysieren wir nicht etwaige schmerzvolle Erfahrungen. Kommen schmerzhafte Erinnerungen oder Zweifel an mir selbst, Gott und der Welt, so atmen wir diese ein, nehmen sie achtsam wahr und atmen sie wieder aus. Wenn wir uns intensiv mit all den Warum, Wieso, Weshalb von Leid und Freuden beschäftigen, so ist das während der Meditation keine kognitive Beschäftigung, vielmehr leiten uns auch diese Fragen durch das Atmen, Kommen und Gehen lassen hin zu einer Weite, die uns wahrscheinlich keine vernünftige Antwort bietet, aber erfüllt mit einem versöhnlichem Gewahrsein: Annehmen, was ist.

Weder geht es also bei der Gewaltfreien Kommunikation um ein Verdrängen starker Emotionen, noch ist es ein Anliegen bei der Kontemplation oder anderen meditativen Übungswegen. Im Gegenteil ein spiritueller Übungsweg wie die Gewaltfreie Kommunikation leistet mit dem Annehmen starker Emotionen einen Beitrag zur Integration der eigenen Persönlichkeit. Wir werden uns mit jeder lustvollen Wolfshow ein Stückweit mehr unserer selbst bewusst. Wir lernen Gefühle bewusst wahrzunehmen und zu lenken, statt uns von ihnen beherrschen zu lassen.

Giraffen sind nicht langweilig, vielleicht reden sie manchmal gestelzt daher, wenn sie sich zu sehr an den Ablauf der Vier Schritte halten. Giraffen lieben ihren blaffenden Wolf – und manche setzen ihm eine rote Nase auf.[9]

Die »Schuld« auf einen anderen zu schieben, bereitet höchstes Vergnügen. Damit ist sie platziert, man kann selbst wieder aufatmen, alles hat seine Ordnung. Doch ändern wird sich nichts. In der oben genannten Wolfshow ist es das Resümee einer Frau, die sich selbst als fremd-bestimmtes Opfer deklariert.

> Wolfshow: »Ich strample mich Tag ein, Tag aus ab, um den blöden Haushalt in Ordnung zu bekommen, Taxi für die Kinder zu spielen, dabei noch beruflich tätig zu sein, ...
>
> Wo bleib ich bei dem Ganzen?
>
> Ich bin in all den Jahren fett, unglücklich und un-zufrieden mit mir selbst geworden, und das nur wegen dir!!«

Die lustvolle Wolfshow öffnet das Tor zur Einfühlung mit einem Selbst. Was sind hier die Anliegen der Frau? Im Folgenden wollen wir diese Anklagen mit Giraffenohren hören, sodass sie den Mut findet, aufzukommen für sich selbst und ihre Passivität ablegen kann.

Die Behauptung: »Alles nur wegen dir!«, macht diese Frau zur Sklavin ihrer Umstände. Nur, wenn diese Gege-benheiten, der Mann, die Kinder, die Verwandtschaft, die Gesellschaft sich ändern, meint sie, kann sie ein zufriede-nes und glückliches Leben führen. Die Selbsteinfühlung zeigt den Weg auf zur Eigenverantwortung und zu einem Stück mehr Wahrhaftigkeit sich selbst gegenüber.

Kennzeichnend für eine Wolfshow ist, dass ein Wust an unterschiedlichen Gefühlen, Situationen und Bedürfnis-sen miteinander in einen großen Topf geworfen und als undifferenzierte Masse an die Luft gesetzt werden. Dieses verzwickte »Wollknäuel« gilt es zu entwirren und zu sichten.

Themen, die angesprochen werden sind: der Haushalt, die Kindererziehung, Pflege sozialer und verwandtschaftlicher Beziehungen, erfüllende Partnerschaft, körperliches Wohlbefinden.

Wichtige Werte in all ihren Gefühlen des Frustes, der Verbitterung, des Zorns, sind der Wunsch nach Selbstbestimmung, Orientierung, Sinn, Wohlergehen, Aufrichtigkeit, Klarheit, Unterstützung, Wertschätzung, selbst gewählte Zeit-Räume sowie die Sehnsucht, sich selbst wirksam zu spüren und zu wissen.

> Alles nur wegen dir! – kann mit den Übersetzerohren der Giraffe bedeuten: Ich möchte (auch) für mich und um meiner selbst willen sein und handeln.

Neigen wir zu Schuldzuweisungen, so zeugt dies oft von einer großen Hilflosigkeit. Die Frau äußert in dem Beispiel deutlich ihr grundlegendes Bedürfnis: »Wo bleibe ich bei dem Ganzen«. Doch wie kann sie es wertschätzend wahrnehmen und ihm Raum geben? Solange sie an einer Schuldzuweisung festhält, orientiert sie sich nach außen. Hier würde einfach ein Spaziergang alleine im Wald oder mit einer guten Freundin gut tun und die Besinnung auf die Frage: »Was will ich? Was ist mir wichtig?«

In ihrer Wolfshow gibt sie deutlich Hinweise, was ihr wichtig ist:

- Ein gelingendes Haushaltsmanagement (Kinderversorgung, Beruf, Haushalt)
- Geborgenheit und eine konstruktive Konfliktkultur in der Familie
- Unterstützung im Haushalt und beim Saubermachen

- Wertschätzung
- Selbstbestimmte, sinnvolle Zeiteinteilung und Aufgaben
- Direkte Kommunikation
- Erfüllende soziale Beziehungen
- Psychisches und physisches Wohlempfinden

Ein Wendepunkt bei der Selbstempathie ist, wo wir uns eingestehen und vor allem zugestehen, dass wir eigene Bedürfnisse und Interessen haben. Für manche Menschen ist es bereits eine große Herausforderung, sich diese natürliche Gegebenheit einzugestehen und offen dafür aufzukommen. Gerade Frauen werden hier gefordert, aus traditionellen Rollen und Aufgaben herauszutreten.

Die oben zitierte Wolfshow zeigt, dass die sogenannte Emanzipation der Frau der vergangenen Jahrzehnte den Frauen viele gesellschaftliche und berufliche Möglichkeiten geboten hat, im Sinne einer Mehrbelastung. Zur Kindererziehung, Haushaltsführung kommt noch der Beruf dazu, am besten wäre eine Karriere.

Die Empathie mit einem selbst ist immer auch eine Einladung, eigene Urteile und Verhaltensmuster zu hinterfragen und gegebenenfalls zu ändern.

Auch wenn dieser Frau klar ist, dass ihr Wertschätzung für die Fülle an unterschiedlichen Aufgaben, die sie erledigt, wichtig ist, so kann sie diese doch nicht einfordern, weder vom Lebenspartner, noch von den Kindern. Wie sehr manche auch nach Anerkennung und Wertschätzung hungern, diese einzufordern ist lächerlich und unmöglich. Die tiefe Sehnsucht nach Anerkennung oder Wertschätzung ist eine spirituelle Sehnsucht. Gesellschaftliche Anerkennung oder die Wertschätzung durch den Partner und die Familie sind wichtig, doch greifen sie unserer Ansicht nach zu kurz.

Die Gewaltfreie Kommunikation hilft uns, unsere Eigenverantwortung in das Bewusstsein zu rücken. Statt sich als Opfer unserer Umstände anzusehen, können wir uns selbst Wertschätzung geben, wenn wir uns klar machen, wo wir bewusste Entscheidungen getroffen haben oder treffen.

Wir spielen Taxi für die Kinder, weil es uns wichtig ist, dass sie zum Judo-Kurs gehen. Viele Mütter verzichten nicht nur auf eine mögliche berufliche Karriere, weil es zu wenig qualifizierte Betreuungsangebote für Kinder gibt, vielmehr weil es ihnen wichtig ist, mit ihren Kindern zu spielen, Spaziergänge zu machen, für sie und sich selbst zu kochen. Das gemeinsame Wachsen an und miteinander in den ersten und auch späteren Kinderjahren möchten viele bewusst gestalten. Für viele Frauen ist dieser Ausstieg aus dem Beruf jedoch weiterhin ein Luxus.

Die meisten Frauen müssen arbeiten, damit sie sich und ihre Kinder über die Runden bekommen.

Da, wo ich mich in Schuldzuweisungen übe und als fremdbestimmt erlebe, ist es wichtig, die eigenen Entscheidungsmöglichkeiten wieder zu entdecken. Wo wir unbewusste oder unreflektierte Entscheidungen entdecken, geben wir uns ein Stück Würde und Freiheit zurück.

Welche Bedürfnisse erfüllen wir uns, wenn wir die ungeliebte Verwandtschaft des Mannes besuchen, obwohl wir uns dort langweilen?

Wir spielen das Spiel der Harmoniesuche und der heilen Welt. Uns ist wichtig, dass der eigene Mann sich wohlfühlt, dass die Kinder positive Beziehungen zu ihren Verwandten aufbauen. Vielleicht stellen wir innerlich auch eine »Haben und Soll-Liste« auf: Ich gehe mit dir zu deinen Verwandten, wo ich mich nicht wohlfühle, dafür erwarte ich, dass du mich ins Shoppingcenter begleitest.

Welche wichtigen Werte bleiben unerfüllt, wenn ich berechnend agiere oder mein Verhalten einer konfliktängstlichen Harmoniesucht unterordne? Die Aufrichtigkeit mir selbst gegenüber bleibt auf der Strecke. Ehrlichkeit und Respekt in der Partnerschaft kommen zu kurz.

Gebe ich mir selbst oder einem anderen Empathie, dann ist es wichtig zu erkennen und zuzugestehen, dass wir gleichzeitig unterschiedliche Bedürfnisse und Interessen haben können.

> »Mir ist es wichtiger, meine Zeit sinnvoll und mit Menschen zu verbringen, die mir sympathisch sind (als stumpfsinnig Kaffee und Kuchen mit Langweilern in mich reinzustopfen, wölfischer Gedanke) und es ist mir wichtig, dass du, die Kinder und deine Verwandten sich wohl fühlen, wenn ihr bei ihnen seid. So fahre sie allein besuchen, genieße die Zeit, und ich gestehe mir eine gute Zeit zu Hause zu.«

Wichtig ist, wo wir aufkommen für uns selbst, dass wir das ohne Gram oder Schuldgefühle machen, sondern »weil wir es uns wert sind«! Mag auch der Partner an unserer Ansicht oder Entscheidung nörgeln, so ist das seine Freiheit. Wo wir aufrichtig für unsere unterschiedlichen Bedürfnisse aufkommen, schenken wir dem anderen und uns Wahrhaftigkeit. Ein rares Gut in einer Gesellschaft, in der wir alle Rollen spielen.

Wo wir uns unterschiedliche Wertigkeiten und Sympathien zugestehen, da hören wir auf, in Extremen zu denken: Entweder läuft es so wie ich will oder es läuft so, wie du willst.

Es ist hilfreicher ein »Entweder-oder« in ein »und« zu wandeln.

> »Mir ist es wichtig, dass es dir gut geht und dass es mir gut geht.«

Mit dieser wertschätzenden Zusammenschau unterschiedlicher Bedürfnisse steigen wir aus dem alltäglichen Ellenbogenkampf aus.

Diese Zusammenschau eröffnet Freiräume für eigenverantwortliches Handeln.

> »Mir ist wichtig, dass die Kinder ihre Freizeitaktivitäten haben, gut versorgt sind und lernen, und mir ist wichtig, dass ich mich weiterbilden kann, Zeit habe, um meine Freundschaften zu pflegen und beruflich wieder einsteigen kann.«

Das Bewusstmachen unreflektierter Entscheidungen, warum es uns wichtig ist, bestimmte Dinge zu tun, und die wertschätzende Zusammenschau gleichzeitiger unterschiedlicher Bedürfnisse bildet die Inspiration für Lösungen, die allen Beteiligten ihre Würde lässt.

Obwohl Christen an einen Gott glauben, ist das abendländische Denken stark von einem dualistischen und gegensätzlichen Denken geprägt. Kinder spielen in eindeutigen Rollen, es gibt die Guten und die Bösen. Manchmal gibt es Überläufer, doch oft sind die Fronten klar und schon am Äußeren deutlich erkennbar. Die Erkenntnis, dass wir alle grau wie Esel oder gestreift wie Zebras sind, fehlt auch so manchem Weltpolitiker.

Das östliche Denken wie auch die christliche Mystik unterscheidet ohne zu trennen.

> »Das Auge, in dem ich Gott sehe, das ist dasselbe Auge, darin mich Gott sieht; mein Auge und Gottes Auge, das ist ein Auge und ein Sehen und ein Erkennen und ein Lieben.«[10]

Das Symbol des Ying-Yang, der Nicht-Zweiheit von Schatten und Licht, von Männlichem und Weiblichem ist als Modeschmuck überall erhältlich. Ist die Tragweite seiner Botschaft auch so verbreitet?

So wie ich die gleichzeitigen Bedürfnisse zweier Menschen als sich widersprechende Gegenpole definieren kann, so kann ich auch Gott und Mensch, Leben und Tod als Dualitäten, als Gegensatzpaare ansehen.

Oder ich kann es nicht.

Mose erkennt Gott in dem nicht verbrennenden, brennenden Dornbusch. Ein Paradox. Es ist eine Metapher, ein Bildwort für die Einheit eines Widerspruchs. Das Bild vom brennenden Dornbusch ist ein anschauliches Bild, doch es bleibt unfassbar.

Im Zen lautet ein beliebtes Koan: Zeige mir dein wahres Gesicht vor der Geburt deiner Eltern!

Hier wird unser linear-zeitliches Denken in Frage gestellt und hingewiesen auf jene Qualität unseres Seins, das raum-zeitliche Identifikationen sprengt und auf den Moment des »Ewigen im Jetzt« hinweist. Dies ist dein »Wahres Antlitz«, hier und jetzt.

Sei es die östliche oder westliche Mystik, sie will immer hinweisen auf das Heilige im Alltäglichen, Gottes Wirklichkeit mitten im Alltag, beim Taxifahren, Spülen, Streiten und Lieben.

Ladet die Gewaltfreie Kommunikation ein, Entscheidungsfreiräume wiederzuentdecken und ein gegensätzliches Denken in ein würdigendes »Sowohl als auch« oder

»und« zu wandeln, so zeigen uns mystische Einsichten, dass wir unser »Wahres Selbst« oder »Gottes Wirklichkeit« nirgendwo anders einsichtig werden können als hie und jetzt, in unserem ganz konkreten banalen Dasein. Wo wir das erkennen können, werden uns nicht nur Entscheidungsfreiräume geschenkt. Unser ganzes Weltbild und Selbstverständnis mit allen Wertigkeiten und Wichtigkeiten wird erschüttert. Eine jede alltägliche Handlung bekommt eine ganz neue Qualität. Schrubben und Windelwechseln sind genauso »Gottesdienst« wie das Feiern der heiligen Eucharistie.

> »Ein Mönch fragte Joshu in allem Ernst: ›Gerade bin ich erst in dieses Kloster eingetreten. Ich ersuche Euch, Meister, gebt mir bitte Unterweisung!‹ Joshu fragte: ›Hast du schon deinen Reisbrei gegessen?‹ Der Mönch antwortete: ›Ja, das habe ich.‹ Joshu sagte: ›Dann wasche deine Essschalen.‹ Da erlangte der Mönch eine gewisse Erleuchtung.«[11]

Dieses Koan oder diese Zen-Anekdote thematisiert die Alltäglichkeit der Buddhanatur oder der Erleuchtung. Der Mönch verkündet nicht nur das Ende seiner Mahlzeit, vielmehr rühmt er sich seiner bereits gewonnenen Einsichten. Lieber Meister, ich habe meinen Reis schon gegessen, will sagen, ich habe schon erkannt: Ich bin Buddha und Buddha bin ich. Er schmückt sich mit seiner Erleuchtung. Der Situation entsprechend, schickt ihn der Meister, sich den Schmutz seines »Erleuchtungsbewusstseins« abzuwaschen. Solange wir meinen, erleuchtet zu sein, erkannt zu haben, was es bedeutet, für dich und mich, dass wir hier und jetzt in Gott sind und Gott in uns, haben wir noch nichts eingesehen.

»Wasche deine Schale«, bedeutet, reinige dich von deinem spirituellen Hochmut. Und es zeigt die schlichte Wirklichkeit der Buddhanatur in alltäglichen Handlungen.

Mehr Wertschätzung können wir fürs Putzen und Schrubben gar nicht bekommen!

»Der Weg.«[12]

Ich habe das alles nur für euch getan

Nicht nur Frauen opfern sich auf, so mancher fürsorgliche Familienvater geht jahrzehntelang einer sinnentleerten beruflichen Tätigkeit nach, damit er seiner gesellschaftlichen Verpflichtung, für Frau und Kind zu sorgen, nachkommen kann.

Diese schenken ihm oft noch nicht einmal Anerkennung dafür, sondern ziehen ihn vielleicht mit seinem Sicherheitsbedürfnis auf.

Wie kann es Kindern gehen, die mit so einer Botschaft »Ich habe das alles nur für Euch getan!« aufwachsen?

Wir können uns am besten in so jemanden einfühlen, wenn wir uns hinstellen, diesen Satz mit unterschiedlicher emotionaler Betonung sagen und den Körper reagieren lassen.

Bei den meisten wird der Körper zusammensinken, die

Schultern einknicken, der Blick senkt sich nach unten, vielleicht schnürt sich der Bauch ein oder die Beine werden schwach. Der Boden verliert scheinbar an Festigkeit, sodass man etwas darin versinkt.

> Selbsteinfühlung des erwachsenen Kindes:
> Wenn ich daran denke, dass mein Vater (meine Mutter) zu mir gesagt hat: »Ich habe das alles nur für dich gemacht. Damit du studieren kannst, damit wir uns einen Urlaub leisten können, ein Auto, ein bisschen Luxus«, dann fühle ich mich beschämt, klein, ratlos, traurig, hilflos, bedrückt, weil ich eine Last auf mir spüre, einen Druck, den ich loswerden möchte.

Kinder, die mit der Botschaft, für ihre Eltern verantwortlich zu sein, aufwachsen, wird eine große Bürde aufgehalst. Diese Last kann erdrückend sein. Da das Wohlergehen der Eltern ein Grundbedürfnis von Kindern ist, neigen sie dazu, diese emotionale oder energetische Last zu übernehmen. Diese übernommene fremde Verantwortung lässt Kinder sich schuldig fühlen. Sie maßen sich etwas an, beziehungsweise ihnen wird eine Verantwortung zugemutet, die ihnen nicht zusteht. Kinder sind nicht für das Handeln der Erwachsenen verantwortlich.

Tragisch bei so einer Bemerkung oder so einem wiederkehrenden Vorwurf ist, dass der Elternteil damit um Anerkennung für seine Aufopferung wirbt. Bei dem anderen jedoch ein Gefühl der Unausgeglichenheit, der Schuld auslösen kann, weil in uns das Bedürfnis nach einer ausgeglichenen Balance da ist. Statt Anerkennung erfährt der Vater oder Partner eher Missmut und die Abhängigkeit in der Beziehung wächst. Diese Stricke gilt es gerade für Kinder zu lösen, die meinen, in der Schuld oder in der Verantwortung für ihre Eltern zu stehen. Es sind emotionale Verstrickungen, die ein Erwachsenwerden erschweren. Welche Altlasten tragen Kinder noch als Erwachsene mit sich herum? Oft sind es Ängste oder Träume der Eltern – mitunter auch Verheißungen.

Die Bibel erzählt uns von einer Vater-Sohn–Beziehung, in der der geliebte Sohn zum Träger der väterlichen Verheißung wird. Abraham führt seinen Sohn Isaak auf den Berg Morija, um ihn dort seinem Gott, seinen Gottesvorstellungen, darzubringen. Den langen Weg der Hingabe gehen sie gemeinsam. Der Vater kennt das Ziel, der Sohn vertraut seinem Vater und trägt selbst auf seinen Schultern das Feuerholz. Er übernimmt bereits einen Teil der Bürde. Isaak ist der Sohn der Verheißung. Der Sohn verkörpert all das, für das der Vater gelebt hat, seine Träume und langen Sehnsüchte. Auf dem langen gemeinsamen Weg vertraut der Sohn dem Vater blindlings. Er weiß, sein Vater kann nur Gutes für ihn vorhaben. Der Leser ist derweil schon in die Absicht des Vaters eingeweiht. So wie Isaak seinen Vater nicht in Frage stellt, so stellt auch Abraham Gottes Wohlwollen nicht in Frage und macht sich auf den Weg, seinen geliebten Sohn hinzugeben. Doch Gott will diese Menschenopfer nicht. Abraham bindet Isaak zwar auf den errichteten Altar, doch als er das Messer erhebt, legt Gott sein Veto ein. Gott will nicht, dass Eltern ihre Kinder für ihre Träume, Ängste oder Vorstellungen opfern.

Wie können sich erwachsene Kinder von dieser Last der übertragenen Verantwortung befreien?

Selbsteinfühlung des erwachsenen Kindes:
Wenn ich daran denke, dass mein Vater (meine Mutter) zu mir gesagt hat: »Ich habe das alles nur für dich gemacht!«, dann fühle ich mich beschämt, klein, ratlos, traurig, hilflos, bedrückt, weil ich eine Last auf mir

spüre, einen Druck, den ich loswerden möchte. Mir ist wichtig, dass wir uns frei in die Augen schauen können, gleichwürdig sind, dass wir aufrecht zueinander sind, dass ich ich sein kann und du du. Mir ist wichtig, dass wir einander zugetan sind, frei von Schuld, einen leichten Umgang miteinander haben, eine ausgeglichene Beziehung, wo Geben und Nehmen in Balance sind. Eine Beziehung, wo ich Kind sein kann und du Erwachsener.

Die Selbsteinfühlung deckt die Bedürfnisse hinter der Last der Scham oder Schuld auf. Bildhaft gesprochen geht es darum, aufrecht in den eigenen Schuhen zu stehen und nicht in denen des Vaters oder der Mutter. Wo Kinder einen Teil der Elternverantwortung verinnerlicht haben, stehen systemisch betrachtet die einzelnen Akteure nicht auf ihrem Platz. Diese strukturelle Unordnung gilt es sich bewusst zu machen. Es ist – oder war – die Entscheidung und damit die Verantwortung des Vaters, wenn er sein Leben lang einen sicheren, dafür nicht erfüllenden Beruf innehatte. Als Kind haben wir materiell und finanziell davon profitiert, dafür können wir dankbar sein. Wo wir jedoch meinen, in irgendeiner Weise dem Vater oder der Mutter etwas »schuldig« zu sein, können wir nicht wirklich – aus freiem Herzen – dankbar sein. Deshalb gilt es, dem Elternteil innerlich oder rituell seine Verantwortung für sein Handeln als fürsorglicher und liebender Erwachsener zurückzugeben und uns so von dieser übernommenen Last auf unseren Schultern zu befreien.

Die Schuldzuweisung »Das habe ich alles nur für dich gemacht!« wandeln wir in einen bewussten Verzicht, für den wir dankbar sein können.

»Mein Vater/meine Mutter, hat bewusst auf einen erfüllenden Job verzichtet, weil ihm/ihr wichtig war, dass wir ein sicheres Einkommen haben. Es war meinen Eltern wichtig, dass sie für meine gute Schulausbildung sorgen können.

Dafür danke ich Ihnen.«

Diese Dankbarkeit richtet einen selbst auf, denn durch sie können wir dem Elternteil mit einem Lächeln im Herzen in die Augen schauen.

Mitunter mischt sich noch Trauer in diese Dankbarkeit, weil es uns auch bedeutsam ist, dass unsere Eltern ein erfülltes, sinnvolles Leben hatten. Welches Werturteil die Eltern ihrem eigenen Leben beimessen, liegt in ihrer Freiheit.

Sinn geben können wir Kinder, ob bereits erwachsen oder noch nicht, dem Leben unserer Eltern, wo wir einfach dankbar für die Weitergabe des Lebens durch sie an uns sind, mit allen Licht- und Schattenseiten.

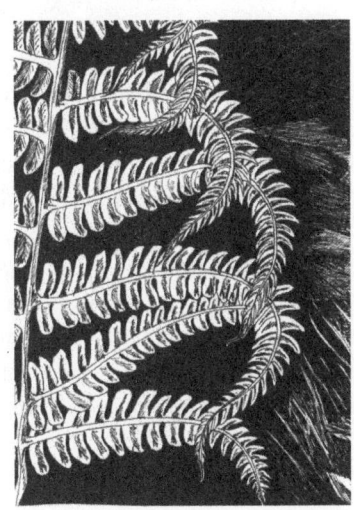

»Farn am Wegesrand«[13]

Das Leben feiern

Der kleine Moment am Wegesrand,
ein glitzernder Stein, Regentropfen auf nasser Haut,
der handgeschriebene Brief,
ein Lächeln in der U-Bahn.
Ich sammle sie, diese Momente,
die mein Leben so kostbar machen.

Mir gelingt auch nichts

Schreiben Sie auf ein Blatt Papier: 3 plus 3 ist 6, 2 plus 4 ist 5, 4 plus 3 ist 7. Zeigen Sie ihr Werk demnächst besten, der halbwegs Rechnen kann, mit großer Wahrscheinlichkeit wird er Sie darauf hinweisen, dass Sie eine Rechnung falsch gerechnet haben. Die zwei richtigen Ergebnisse wird er eher nicht erwähnen.

Sogenannte Fehler bekommen mehr Aufmerksamkeit und Beachtung als unsere Talente und Potenziale.

Die Giraffe in einem jeden von uns ist die geborene Perlentaucherin. Sie entdeckt mit Leichtigkeit und Freude lebensbejahende Werte, spürt unerkannte Möglichkeiten auf und wandelt stumpfe Leere in ein blühendes Leben.

»Mir gelingt auch nichts!« ist einer der wirkkräftigsten Sätze der sogenannten inneren Richterin oder des inneren Wolfes. Denn Wölfe beißen nicht nur nach außen, indem sie dem anderen die Schuld aufbürden, Wolfsstimmen richten sich auch gerne gegen einen selbst und zerfleischen einen vielleicht mehr, als jemand anderer es tun könnte. Bei Urteilen, wie: »Das schaffe ich nicht!«, stellt sich unser Organismus aufs Versagen ein.

Die Selbsteinfühlung der Giraffe befreit von demotivierendem Selbstmitleid und eröffnet neue Perspektiven.

Im ersten Schritt konkretisiert sie die Beobachtung: Was genau ist schief gelaufen? Was entspricht wo nicht den Erwartungen?

Sie löst die Verallgemeinerung auf und lenkt den Fokus auf das aktuelle Hier und Jetzt.

Vielleicht sind es auch »nur« Erwartungsängste, Gedanken, dass mir etwas misslingen könnte, dass ich meinen oder den Erwartungen anderer nicht entsprechen könnte? Solche Gedanken haben eine ungeheuerliche Kraft, jeden Lebenskeim in Grund und Boden zu drücken.

Ob es jetzt ein nicht zufriedenstellendes Schriftstück ist, ein unbefriedigender Arbeitsauftrag oder der hundertfünfzigste Vorsatz abzunehmen, die Gefühle und möglichen Bedürfnisse, die in dem »Mir gelingt auch nichts!« stecken, ähneln sich.

Wer so ärgerlich denkt, aktiviert Gefühle wie Frust, Ohnmacht und fühlt sich klein, schwach, antriebslos.

Was kann so jemand brauchen?

Erhellend ist die Klarheit, wo genau, was schiefgegangen ist.

Dazu ist Unterstützung in vielfältiger Form hilfreich: neue Perspektiven, Freiräume, Klarheit auch über eigene realistische und nichtrealistische Möglichkeiten, Wertschätzung für die eigenen Schwächen, Mut und Vertrauen in Fehler, Experimentierfreudigkeit, Kreativität.

Sind wir Perlentaucher, so gestehen wir uns als erstes ein, einen Schatz voller kantiger, eckiger Steinchen in und mit uns zu schleppen. Was für uns gilt, gilt natürlich auch für dich. Das heißt wir loben »Fehler« und üben uns im genussvollen Scheitern. Wir lassen das sogenannte Scheitern oder Versagen zu, denn daraus kann Neues, Unerwartetes, Kraftvolles und Wertvolles erstehen. Die Kraft des Perlentauchers gleicht dem Clown, der aus dem Scheitern, aus dem lustvollen und freudigen Nichtkönnen lebt.

Die Einsicht »Mir gelingt auch nichts« ist das Geländer des weisen Narren.

Dem Clown fliegt ein Holzstab auf den Boden, statt über das misslungene Kunststück zu jammern, entdeckt er ein neues: Den Klang! Und probiert es nochmals. Der Klang kann laut sein, leise, schnell hintereinander, ganz langsam ertönen und irgendwann verstummt er. So spielt der Clown mit seinem Missgeschick. Die Haltung, die ihn dabei antreibt ist: Annehmen, was ist. Dieses liebvolle Zulassen gründet in einer tiefen Freude am entdeckenden Spielen.

Lassen wir einen solchen Satz: »Mir misslingt aber auch alles« einfach mal spielerisch mit verschiedener Intensität, mit unterschiedlichem Gefühlsausdruck zu. Spielen wir mit diesem Satz: »Mir gelingt auch nichts«. Mal sagen wir ihn traurig, dann wütend, beleidigt, frustriert, aber auch verliebt, enthusiastisch, entdeckerisch. Das ist eine Form der clownesken Einfühlung.

Das scharfe Urteil eines inneren Richters hat zerstörerische Kraft, indem es unseren Lebensmut schwächt. Wo wir jedoch bewusst mit diesen oder ähnlichen Sätzen »spielen«, offenbaren sie auch so manche Weisheit:

Das Nicht-Gelingen als Quelle neuen Gelingens.

Spielen wir mit diesem Satz: »Mir gelingt auch nichts«, so entmachtet er sich selbst: denn, dass uns »nichts« gelingt, wird irgendwann lächerlich. Und aus dem »Mir gelingt nichts« wird ein »So gelingt mir nichts«.

Ja, und wenn nicht so, wie denn dann? Im Spiel und Zulassen des Nicht-Gelingens eröffnen sich neue Perspektiven. Vielleicht gelingt es ganz anders? Oder etwas anderes gelingt, etwas, das niemand erwartet hat. Das Spiel mit dem Scheitern lädt ein, unrealistische Erwartungen zu verabschieden und Raum für Mögliches zu geben.

»Ich bin nicht da.« Eine clowneske Einfühlung

Da war eine Frau. Hübsch anzusehen, gebildet, freundlich, in einem verantwortungsvollen Beruf. Sie konnte ihrem Mann gegenüber nicht für ihre Bedürfnisse aufkommen. Sie verschwand hinter den Anliegen und Interessen ihrer Familie. »Ich bin gar nicht da, wenn ich da bin«, sagte sie.

Auf der Bühne ließen wir beide unseren Clown erscheinen. Wir atmeten den Menschen aus, und mit dem Aufsetzen der roten Nase erschien der Clown.

Die heilende Kraft des Clowns liegt darin, dass er sich gerade in jene Emotionen, Haltungen und Situationen stürzt, die wir gerne vermeiden und gekonnt umspielen.

Wir ließen beide dieses »Ich bin nicht da«-Gefühl zu. Sie gab die Impulse. Mein Clown gab Resonanz. So entwickelte sich zwischen uns und dem Publikum ein nuancenreiches Spiel des »Ich bin nicht da. Ich bin gar nicht da. Ich war noch nie da. Die sind auch nicht da. Die glauben nur, sie wären da. Die sind nicht da! Nicht wirklich da.«

Der Körper übernahm immer mehr das Spiel. Die Sätze wurden weniger. Je mehr wir unseren Körper sprechen ließen, desto mehr Clown wurde geboren im Spiel und im Zulassen dessen, was doch nicht sein kann.

Die Frau als Clown spielte erst noch mit ihrem Verschwinden, ihrem voll da Sein und doch ganz Abtauchen ins nicht Sein bis sie wirklich unter den Tisch verschwand, nicht mehr da war, nicht mehr sichtbar für uns und kaum spürbar für sich selbst. Auch mein Clown wurde immer leiser, gab der Stille den Raum.

Auf der Bühne, diesem heiligen Ort, breitete sich Stille aus, eine präsente Leere. Wie ein »schwangeres« Abwarten. Das volle Leben ist: da und doch leer – nicht da. Noch nicht da.

Mein Clown konnte abwarten, dieses Nicht-Sein aushalten, bis sich die Bühne mit dieser Leere füllte. Eine Leere, die ins Leben rief.

Die Clownfrau tauchte unter dem Tisch wieder auf. Wie ein lebloser Körper stand sie da. Eine Hülle ihrer selbst. Mein Clown spürte diese Leere wie einen Sog. Es zog mich hin, sie zu berühren. Sie als Clown zu berühren, über die Schultern zu streichen, den Rücken sanft berührend zu stärken. Ihr Atem einzuhauchen, nein einzublasen, wie mit einem Blasebalg. Mein Clown machte sich mit Lust und Freude an die Arbeit, ihren Körper mit neuem Leben zu füllen. Mit jeder Berührung wachte sie ein Stückchen mehr auf, kam wieder ins Leben. Die Füße bekamen Erdhaftung, die Beine und der Rücken richteten sich auf, wurden stark. Die Brust weitete sich und ihr Gesicht entspannte. Der Glanz ihrer Augen kehrte wieder.

Mein Clown wich zurück.

Ich bin da.

Schlicht sprach sie es aus.

Wir alle spürten es. Die Bühne war erfüllt mit Leben, mit Gegenwart.

Ich bin da, so wie ich bin.

Ihr Clown und ihr Körper zeigten uns den Weg ins Dasein.

Die Einsicht, dass mir etwas nicht gelingt, ist befreiend. Sie befreit von falschen übermäßigen Ansprüchen und Erwartungen. Die Einsicht und das Annehmen, eben nicht »perfekt«, vollkommen zu sein, befreit zum Perspektivwechsel. Was kann ich schon, vielleicht auch nicht perfekt? Welche Ressourcen sind in mir? Scheitern birgt immer die Gelegenheit zum Lernen, zur Weiterentwicklung.

Wichtig ist die Haltung, dass wir uns Fehler und Versagen erlauben. Diese Fehlerfreundlichkeit oder Lust am Scheitern eröffnet einen experimentellen Spielraum, der nicht nur für Kinder wesentlich ist. Wo es im beruflichen Alltag, in der Partnerschaft oder im Bett nicht mehr »klappt«, da ist das Spielen, Experimentieren ohne Leistungsdruck, doch mit Hingabe und Freude am Entdecken, was schon möglich ist, der notwendige Ausweg. Im Alltag ist es wichtig, unserem Scheitern eine Sprache zu geben, die auf das Mögliche im Nichtmöglichen weist.

Wo wir uns in Beziehungen ein Scheitern erlauben, können wir einander aufrichtig begegnen. Die Maske der Perfektion zerbröckelt und unsere Gebrechlichkeit, unser vollkommenes Menschsein blitzt auf.

Als Perlentaucher nehmen wir die eckigen Steinchen in uns an, umspülen sie mit dem Salzwasser unserer Tränen und sie werden sich in kostbare Perlen wandeln. »Mir gelingt auch nichts!« Wunderbar. Nur weiter so!

Willst du gesund werden?

Im »Haus der Barmherzigkeit« (nach Joh. 5), in Bethesda lagen viele Kranke, Blinde, Gelähmte und Schwindsüchtige. Es lag dort auch ein Mann, seit achtunddreißig Jahren. Jesus sah ihn liegen und hörte, dass er schon lange so danieder lag, da sprach er zu ihm: »Willst du gesund werden?«

Jesus spricht diesen Mann direkt bei seinem Lebenswillen an. Er verbindet sich mit seinen Selbstheilungskräften. Ist dieser Wille, gesund zu werden, in dir?

Der Mann flüchtet, versteckt sich hinter anderen: »Herr«, klagte der Kranke, »ich habe keinen Menschen, der mir hilft, in das Wasser zu kommen, wenn es sich bewegt.« Der Kranke hat sich eingebettet in seinen Versorgungsstatus. Andere bestimmen, wie es ihm geht und ob, er gesund werden kann oder nicht. Die jeweiligen Umstände sind ausschlaggebend.

Im Fortlauf erfahren wir, dass der Kranke doch nicht so unbeweglich ist, wie er anfänglich vermuten lässt. »Und, wenn ich mich doch hinschleppe, ist ein anderer schneller und steigt vor mir hinein!« (Man dachte, dass das dann und wann aufquellende Wasser heilende Kräfte für den ersten, der hineinsteigt, hat.)

Es ist noch Kraft und Bewegungsaktivität in ihm, doch sein vergleichender Geist lähmt ihn. Andere sind schneller, besser, einfühlsamer, erfolgreicher.

Der Vergleich mit anderen entfremdet ihn von sich selbst. Er ist sich seiner selbst nicht bewusst, vielmehr fokussiert er das Können oder das Scheitern der anderen. Die Gier oder das Einsinken im Leben der anderen raubt einem die eigenen Lebensmöglichkeiten. Würde man ein Standbild von der Szene des Gelähmten bei Bethesda machen, so wäre es eine »schräge« Figur, die, Mund und Augen geöffnet und mit anklagend bittend ausgestreckten Armen auf andere ausgerichtet ist; seiner eigenen Mitte und Stärke entrückt.

Jesus lässt sich durch die abwehrende Haltung des Kranken nicht einschüchtern. Er steigt nicht ein in das Spiel der tausend und ein Ausflüchte. »Steh auf!« sagt Jesus zu ihm. »Nimm dein Bett und geh!« Da wurde der Mann gesund, nahm sein Bett und ging.

Schlicht und klar spricht Jesus ihn wieder bei seinen Ressourcen an. Hingegen sind Blick und Geist des Kranken auf den Mangel gerichtet: Es ist keiner da, der ihm hilft. Er ist nicht schnell genug.

Jesus spricht ihm bei seinen Fähigkeiten, bei seiner Kompetenz an: Steh auf und nimm das, was dich lähmt, die Bahre oder das Bett. Nimm das Zeichen deines Gelähmtseins an, und lebe damit. Jesus spricht ihn – aus der Perspektive der Gewaltfreien Kommunikation betrachtet – bei seinen lebensbejahenden Bedürfnissen an.

Hier liegt die Kraft der Einfühlsamen Kommunikation, dass wir uns mit dem verbinden, was in der Person gerade an konstruktiven Werten lebt, möglicherweise hinter Spinnweben verborgen, gestrickt aus Ausflüchten, Ängsten, Vorurteilen, Schamgefühl.

Sich aufzurichten oder aufrecht zu sein, in die Hand zu nehmen, was einen lähmt, und seinen Standort zu wechseln, ist in dieser Erzählung kein Verdienst, vielmehr reines Geschenk.

»Gib mir ein Wort!« Diese Bitte war bei den Eremiten der frühen christlichen Bewegung, also bei den Wüstenvätern und Wüstenmüttern, ein Zeichen der Ehrerbietung und des Verlangens nach einer heilsamen, notwendenden Begegnung. Das »Wort« bezeichnet hier nicht einfach eine Buchstabenreihe. Gemeint ist ein kraftvolles Wort, so wie Jesus Christus als wirkkräftiges Wort, als tatsächlich, fleischgewordener »Logos« bezeichnet wurde.

»Er ist sein Wort, das aus dem Schweigen kam, und in allem, was er tat, hat er dem wohl gefallen, der ihn gesandt hat«, schreibt um 110 Ignatius von Antiochien (IgnMag. 8) über Jesus, den Christus. Worte, die aus dem Schweigen kommen, sind wirkkräftig. Wir plappern viel im Alltag. Viel regt uns auf und an. Schweigen ist notwendig. Sich bewusst im Tagesrhythmus Zeiträume zu genehmigen, in denen wir ins Schweigen vertieft sind. Das kann mitten im Alltagslärm sein. Schweigen braucht nicht unbedingt Stille oder Ruhe. Bewusst zu Schweigen ist eine Form der Achtsamkeit, der Entschleunigung im Alltag. Wir gehen durch ein überfülltes Einkaufszentrum, schweigend, schauend, horchend, ein- und ausatmend im Rhythmus des eigenen Schritttempos. Dieses Schweigen umgibt uns wie einen Schutzwall vor der Hektik dieses Ortes. Dieses kraftvolle Schweigen reinigt den Geist von üblen Gedanken, indem wir sie ein- und ausatmen. Beim bewussten Schweigen verstummen wir nicht, weil uns die Worte fehlen. Im Gegenteil achtsames Schweigen ist eine fruchtbare Brutstätte für heilsame Worte. Für Ignatius ist das Schweigen ein Synonym für Gott, aus diesem Schweigen entstammt das wirkkräftige Wort, das uns in Christus begegnet.

Wahrscheinlich hat jeder schon mal erfahren, dass es Wörter oder Bemerkungen gibt, die uns im Herzen treffen. Fragen, die zur rechten Zeit auf fruchtbaren Boden treffen und so einen Lebenswandel, eine Umkehr oder Neuorientierung wecken können.

Es sind Worte, die frei von Eigennutz sind. Im Zen gibt es die Metapher vom Huhn, das von außen an der Eischale pickt, in dem Moment, wo auch das Küken bereit ist zu schlüpfen und von innen versucht, die Schale zu brechen. Übertragen gesehen, trifft hier die Bereitschaft, offen zu sein für ein wandelndes Wort mit der Einfühlung in die Situation des andern aufeinander.

In der Gewaltfreien Kommunikation sind wandelnde Worte manchmal, das einfache Angebot eines möglichen aktuellen ungestillten Bedürfnisses.

> »Ist dir wichtig, dass du jederzeit neu anfangen kannst, wenn dir dein Vortrag nicht beim ersten Mal gelingt?«
>
> »Du willst also Weihnachten wie immer feiern, weil dir das Vertraute Sicherheit gibt?«

Geben wir einem anderen Empathie, so muss unsere Vermutung, was sein Bedürfnis sein könnte, nicht richtig sein. Wir können einem auch ein völlig verkehrtes Bedürfnis anbieten. Das Wahrnehmen, Aussprechen und Wertschätzen von Bedürfnissen hat den Sinn, sich mit dem zu verbinden, was jetzt gerade wichtig ist. Es ist wie der Köder auf einem Angelhaken, den wir auswerfen. Der »Fisch« spürt selbst ganz genau, ob dieser oder jener Wert passend ist. Das heißt, auch ein »falsches« Bedürfnis, kann ihn auf die Spur nach seinem eigentlichen Wert bringen.

> »Das, was ich kenne, mag ich, ja das stimmt, aber das meine ich nicht. Ich will Weihnachten wie immer feiern, weil mir das die wenigste Mühe macht. Ich habe keine Lust auf ausgefallene, kreative Ideen, die mir nur Kopfzerbrechen und Stress verursachen.«
>
> »Ich muss nicht immer neu anfangen können, wenn ich mal einen Fehler mache. Das ist Blödsinn. Ich brauche einfach die Geduld, meine eigene Geduld und Ruhe, wenn ich mich verhasple, dass ich dann kurz überlege, wie ich meine Botschaft jetzt klar und deutlich vermitteln kann.

Jesus ist in der Erzählung von dem Lahmen bei Bethesda berührt von dem schon so lange dahinsiechenden Mann und spricht ihn bei seiner Lebensenergie an. Dies genau ist das Herz der Gewaltfreien Kommunikation, dass wir uns mit dem verbinden, was in uns und dem anderen lebendig ist, mit dem, was dem Leben dient.

Jesus fragt den Gelähmten nicht, ob er meint, gesund werden zu können. Er spricht ihn in seiner Freiheit an, bei seinem Wollen. Im Gesamtkontext des Evangeliums dient diese Erzählung als Beispiel der göttlichen Macht und Wirksamkeit Jesu Christi. Wenn wir unseren Fokus jedoch auf die Art und Weise, wie Jesus Menschen begegnet, richten, dann findet sich in diesem »wandelnden Wort«: Willst du gesund werden?« kein Eigennutz. Dieses frei sein von einem Eigennutz zeichnet die empathische Haltung aus. Ich kann, nicht ich muss!, mich auch mit mir unsympathischen Menschen empathisch verbinden. Denn die Einfühlung in das, was dem anderen wichtig ist, in seine lebensbejahenden Werte und Bedürfnisse, ist unabhängig von Mögen oder Nichtmögen, Übereinstimmung oder Ablehnung.

Schenken wir einem anderen Empathie oder uns selbst, dann gelingt uns das, wo unser Geist frei ist von einer Meinung über diese Person und frei von der gutgemeinten Ansicht, was wohl für diese Person gut sein wird. In der Empathie im Alltag üben wir uns im Anfänger-Geist, wie es der Zen-Meister Shunryu Suzuki[14] nannte. Wir sind offen für das, was kommt. In der Empathie entdecken wir den Menschen neu, und er sich vielleicht selbst auch.

Eines Nachmittags bei einem Waldspaziergang fragte mich meine Tochter: »Was willst denn du?« Ich wusste es nicht. Ich spürte Unzufriedenheit in mir und, dass ich jetzt etwas anderes brauche. Die Frage brachte mich in Berührung mit mir selbst. Ich wurde nicht gefragt: Was möchte denn dein Mann? Was könntest du denn für deine Mutter tun? Was brauchen deine Kin-

der?« Meine Tochter fragte mich: »Was möchtest du?«
Ich war gefragt! Irgendwie hörte ich diese Frage damals zum ersten Mal bewusst. Ich bin hier gefragt.
Ich – ich, nicht irgendein anderer. Ich ging weiter allein im Wald spazieren. Ich weinte viel. Ich spürte, ich brauchte etwas anderes. Die Kinder waren schon größer. Sie brauchten mich nicht mehr so wie früher. Mein Mann war noch immer nicht zu dem Traumprinzen mutiert, den ich gern in ihm sehen wollte. Was wollte ich? Ich wusste es. Ich wollte sitzen, in der Stille sitzen und meditieren. Still sitzen, Da sein, Einatmen, Ausatmen. Und so vielleicht mir selbst ein Stück näher kommen. Und Gott – und der Liebe, nach der ich mich seit klein auf sehne. Ich, was wollte ich? Ich durfte wählen – und diesmal wählte ich für mich.

Ich verließ unser gemeinsames Zuhause und gab meinem Leben eine neue Richtung.

Indem ich damals für mich wählte und lernte, auf die leisen Stimmen in mir zu hören, auf das, was mir wichtig ist, wählte ich auch für meine Kinder und meinen Mann. Doch das erkannten sie erst später. Ich habe gelernt, nicht mehr sie dafür verantwortlich zu machen, dass es mir gut geht. Das Sitzen in der Stille ist mir ein heilsamer Ort, wo ich mir Wut, Ärger und Freuden in Ruhe anschauen kann, innerlich nachspüren kann. Das Sitzen in der Stille gleicht dem Abflauen eines Windes, der über einen See pfeift und die Gischt hochspritzen lässt. Beim Eintauchen in die innere Stille verebben die Wellen, was aufgewühlt ist, kann sich wieder legen. Der innere See wird klarer, mein Geist ruhiger, und ich kann besser unterscheiden, was in alltäglichen Begegnungen dienlich ist, und was eher einem verletzten Herzen entspringt.

Die Frage: »Was willst du?« hat die Tür geöffnet, so dass ich mit 45 Jahren angefangen habe, erwachsen zu werden, authentisch zu mir zu stehen und aus dieser Selbstsicherheit heraus auch anderen offener, unvoreingenommener zu begegnen.

Du brauchst dich nicht zu rechtfertigen

»Weißt du, wie das bei mir ankommt, wenn eine Mutter zu mir sagt: »Sie motivieren mein Kind nicht genug!«, dann fühl ich mich schuldig, dabei gebe ich doch mein Bestes«, meint eine befreundete Lehrerin.

Wo wir uns verbal angegriffen oder in Frage gestellt meinen, ist meist die reflexartige Reaktion, eine Rechtfertigung. Dabei sagt ein Vorwurf nur etwas über die Bedürfnisse seines Sprechers aus, nichts über den Empfänger. Hören wir einen Vorwurf, dann gilt es erst mal ruhig durchzuatmen und nachzuspüren oder nachzufragen, was ist dem, der das jetzt sagt, wichtig. Was sagt er gerade von sich und über sich aus, gerade dann, wenn er verletzende Du-Botschaften verwendet.

»Sie motivieren mein Kind nicht genug!«, heißt: »Mir ist wichtig, dass mein Kind motiviert lernen kann.«

Ob dafür nur der Lehrer und die Schule Sorge zu tragen haben, ist eine andere Frage. Die wesentliche Frage wäre hier, was braucht mein Kind, damit es motiviert lernen kann. Was kann ich, Mutter, dafür tun? Was kann das Kind selbst dafür tun? Was können Lehrer und das Schulsystem dafür unternehmen? Wie kann die Schülergruppe einen motivierenden Lernprozess mitgestalten?

Vater: »Sie motivieren mein Kind nicht genug!«

Lehrerin: »Was wollen sie damit sagen! Wissen Sie eigentlich, wie viel Zeit ich für die Vorbereitung der Stunden verwende! Ich bemühe mich um interessante Textaufgaben, unterschiedliche Methoden. Was soll ich denn sonst noch alles machen!?«

Die Darlegung aller bereits geleisteten Bemühungen auf Seiten der Lehrerin kann in dieser Situation von den Eltern wahrscheinlich erst mal nicht gewürdigt werden. Die Sorge und das Anliegen der Eltern will erst wahrgenommen und wirklich gehört sein, bevor Lösungsvorschläge der Vergangenheit oder der Zukunft erörtert werden. Würde ein Lehrer sofort mit einer Rechtfertigung oder Darlegung der Verhältnisse beginnen, dann würden die beiden Gesprächspartner aneinander vorbei reden. Denn bevor Lösungen angeboten oder aufgezeigt werden, möchten Bedürfnisse ausreichend gehört und geklärt sein.

Vater: »Sie motivieren mein Kind nicht genug!«

Lehrerin: »Ihnen ist wichtig, dass Stefan motiviert mitmacht und lernt.«

Vater: »Ja, natürlich. Sie …«

Der Vorwurf der Eltern bietet zwar die anscheinend nächstliegende Lösung schon mit: der Lehrer als Motivator. Doch diese Lösungsprojektionen sind meist nur ein Ausdruck von Ohnmacht der Eltern, die zwar etwas Gutes für Ihr Kind wollen (motiviertes Lernen), doch selbst nicht genau wissen, wie dies zu bewerkstelligen ist. Deshalb ist es für ein konstruktives Gespräch wichtig, eine emphatische Verbindung zu gestalten, bei der deutlich ausgesprochen und klar ist, was die jeweiligen aktuellen Interessen der Gesprächspartner sind.

In diesem Fall stimmt das Interesse der Eltern höchstwahrscheinlich mit dem der Lehrerin überein.

Interessen können unterschiedlich und vielfältig sein, und nicht alle Bedürfnisse müssen sofort zufrieden gestellt werden. Sie wollen gesehen und gewürdigt werden. Es geht um das Schaffen einer gemeinsamen Gesprächsbasis, damit in einer sinnvollen Abfolge weitere gemeinsame Schritte geplant und durchgeführt werden können. Eine wie auch immer geartete Rechtfertigung auf Seiten der Lehrer in so einer Situation würde den Eltern nicht den Eindruck vermitteln, wirklich mit ihrem Anliegen gehört worden zu sein.

Gerade wenn wir beruflich immer wieder mit Vorwürfen, Klagen oder Unterstellungen konfrontiert werden, ist es wichtig, sich professionell im Wandeln von Vorwürfen zu üben.

»Sie schikanieren mein Kind!«, heißt: »Mir ist wichtig, dass mein Kind respektvoll behandelt wird, und ich traue Ihnen zu, dass sie das können.«

Vorwürfe enthalten Geschenke.

Diese Erkenntnis hilft beim Entdecken der lebensbejahenden Bedürfnisse hinter der Anklage.

Eine wichtige Übung ist hierbei wieder die Aufrichtigkeit sich selbst gegenüber. Was will ich mit meiner Kritik Positives sagen oder bewirken? Was sagt meine Kritik über mich und meine Bedürfnisse aus?

> Sage ich: »Du bist egozentrisch und rücksichtslos!«
> dann meine ich: »Mir ist wichtig, dass ich meine Be-
> dürfnisse auch in Ruhe äußern kann und dass wir dann
> gemeinsam abwägen, welche Schritte die nächsten
> sind!«
>
> Sage ich: »Du könntest dir auch mehr Mühe ge-
> ben!« dann meine ich: »Ich brauche in dieser Sache
> mehr Unterstützung«.

Der nächste Schritt ist, sich selbst gegenüber achtsam zu sein und darauf zu achten: welche konkreten Vorwürfe oder Äußerungen stellen mich in Frage, sodass ich meine, mich rechtfertigen zu müssen?

> Frau, 46: »Ich neige dazu, mich zu rechtfertigen, wenn
> der andere mich durch seine Kritik damit konfrontiert,
> dass ich meine eigenen Erwartungen nicht erfülle. In
> gewisser Weise bin ich von mir selbst enttäuscht. Der
> andere hält mir nur einen Spiegel vor.
>
> Mann, 51: »Ich rechtfertige mich, wenn ich mich er-
> tappt fühle, sei es zurecht oder zu unrecht.«
>
> Frau, 38: »Ich rechtfertige mich, wenn der andere
> etwas in mir sieht oder von mir erwartet, was mir nicht
> entspricht oder was ich gar nicht sein oder geben
> möchte.«

Wie fühlen wir uns, wenn wir »meinen«, uns rechtfertigen zu müssen?

Es können unterschiedliche Gefühle sein, wie empört, verwirrt, unwohl, schwach, klein, wütend, traurig, ärgerlich, weil man so gesehen oder wahrgenommen werden möchte, wie man ist oder wie man sich selbst sieht. Manche beschreiben ein Gefühl von In-die-Enge-getrieben-Sein.

Diese Metapher erzeugt eine Vorstellung, wie wir uns fühlen können, wenn wir »meinen«, uns rechtfertigen zu müssen. Ich »meine« mich dann bedroht. Wer sich bedroht »meint«, fühlt sich gelähmt, schwach, ohnmächtig, klein.

Diese Gefühle der Ohnmacht, Schwäche, Irritation können sowohl auftreten, wenn der Inhalt des Vorwurfes berechtigt oder unberechtigt ist. Beide Male weisen die Gefühle darauf hin, dass bestimmte Bedürfnisse nicht erfüllt sind.

In der Gewaltfreien Kommunikation suchen wir die gemeinsame Basis. In der Konfliktbearbeitung ist das die Ebene der Bedürfnisse, Werte oder Interessen. Welche lebensbejahenden Bedürfnisse verbergen sich hinter der verletzenden Sprache von Vorwürfen, Unterstellungen, Interpretationen? Von dieser gemeinsamen Basis aus können verschiedenen Lösungsmöglichkeiten erarbeitet werden.

In spirituellen Übungswegen wie dem Zen, der mystischen Kontemplation wird die Buddhanatur oder die unio mystica als gemeinsame Verbundenheit allen Lebens gesehen. Das, was uns alle verbindet, wird gerne mit dem Bild von der (individuellen) Welle und dem Meer (als einem gemeinsamen Seinsgrund) umschrieben. Eine andere Metapher ist die von den Eisbergspitzen (individuelles Ich-Bewusstsein) und dem Eisberg als Ganzem (nichtduales oder mystisches Bewusstsein).

Konflikte, Streit, wie auch das Verlangen, sich rechtfertigen zu müssen spielen sich auf der Ebene des Ich-Bewusstseins also von Eisbergspitze zu Eisbergspitze ab. Auf dieser Bewusstseinsebene unterscheiden wir zwischen auslösenden Personen einer Tat und Zielpersonen, aktiven und passiven Beobachtern, die viele Gewalttaten unter Menschen ermöglichen und zulassen. Auf dieser Ebene finden Beleidigungen, Entschuldigungen und Rechtfertigungen statt. Üben wir uns in einem empathischen Bewusstsein, dann öffnen wir uns für jene lebensbejahenden Bedürfnisse, die uns Menschen über Geschlechter, Alter und Ethnien verbinden. Wir öffnen uns im guten Sinne für das allgemein Menschliche. Üben wir uns in einem spirituellen Weg, der die Unterschiedenheit des Alltagsbewusstseins in Frage stellt, dann öffnen wir uns für jenes mystische oder nicht-dualistische Gewahrsein, wo Gott und Mensch, Buddha und Ich, Handelnder und Ausführender »Nicht-Zwei« sind. Nicht-Zwei bezeichnet die Einsicht in die Allverbundenheit allen Seins. Bildhaft gesprochen, die Welt- und Selbsterkenntnis als Eisberg mit vielen Spitzen. Von dieser Einsicht her, dass wir alle nicht-zwei sind, bekommen zwischenmenschliche Konflikte eine neue Qualität. Gewaltakte werden umso schmerzhafter. Wer tötet wen? Wer beleidigt wen? Der eine Mensch kämpft gegen den anderen und dabei auch immer gegen sich selbst.

Eine nicht-dualistische Weltsicht vermag unseren Versöhnungswillen zu aktivieren, unsere Bereitschaft, aus einem unnötigen Machtkampf auszusteigen und gemeinsam die Verantwortung für eine tragbare Lösung zu übernehmen.

Rechtfertigungen haben hier gar keinen Platz. Da Rechtfertigungen aus dem Gefühl eines Mangels, eines Angegriffenseins resultieren, setzen sie den Machtkampf fort. Der eine beschuldigt den anderen. Dieser rechtfertigt sich. Daraufhin kommt sich der erste wieder missverstanden vor und rechtfertigt sich. Schuld und Unschuld, Recht und Unrecht bewegen sich wie bei einer Wippe rauf und runter, mal auf der einen Seite, dann wieder auf der anderen Seite.

Wo ich einen Vorwurf höre, höre ich einfühlsam dessen Bedürfnisse heraus und schaue dann, wie wir damit umgehen können. Das heißt, ich entdecke das Geschenk der Kritik.

Wo ich erkenne, dass ich etwas gemacht habe, das meinen eigenen Bedürfnissen widersteht, da kann ich bedauern.

Wer meint, sich rechtfertigen zu müssen, macht dies meist aus einer Position der Schwäche heraus.

Wo wir bedauern, weil wir gegen unsere eigenen Werte gehandelt haben, bleiben wir uns selbst treu und begegnen auch dem anderen auf Augenhöhe, unserer selbst bewusst.

Die Kraft des Bedauerns drückt Paulus in seiner Selbsterkenntnis aus: »Das was ich tun will, tue ich nicht, doch das, was ich hasse, tue ich.«[15] Damit ich bedauern kann, muss ich mir meiner Werte bewusst sein, in dieser Erkenntnis liegt die Kraft für ein verändertes Handeln.

Ich werde immer hässlicher

Ob Falten, Speckrollen, Glatze oder Krampfadern, sie gehören zu uns. Sie erzählen einen Teil unserer Lebensgeschichte. Christine Nöstlinger, die Wiener Dichterin, skizziert in ihrem Gedicht »Du bleda Bua« die zynische Freude einer alternden Frau mit den Gebrechlichkeiten ihres Körpers und ihre dann doch wieder aufflackernde Leidenschaft beim Anblick eines großen, blonden, bleden Buams. Die Falten möchte sie sich »wegbügeln«, die weißen Haare ausreißen sowie die Krampfadern dem Doktor schenken. Weil sie wieder Lieben möchte, sich selbst wieder spüren und den anderen. Weil sie wieder etwas riskieren möchte in ihrem Leben, die Leidenschaft spüren. Zum Abschluss fragt sie den großen, blonden, blöden Buben: »Trausd ma des ibahaupt no zua?«[16]

Trauen wir uns Leidenschaft, intime Begegnung und Sinnlichkeit mit Runzeln und Falten, hässlich wie wir sind, überhaupt noch zu?

Beurteilen und Etikettieren ist die machtvolle Sprache des Wolfes. Wir sind hässlich, klug, spontan, unzuverlässig. All dies trifft irgendwann, irgendwo zu. Diese Urteile über uns selbst oder die Etiketten, die wir anderen verpassen, verhindern wahrhaftige Begegnungen. Die Beschränktheit von Etiketten oder Zuschreibungen birgt die Gefahr, dass Lebenspotenzial verkümmert.

> Frau, 48: »Ich bin hässlich. Mit mir ist keiner gerne zusammen. Ich gehe nicht mehr ins Schwimmbad, da sieht man ja meine Figur. Für Männer bin ich sowieso unattraktiv.«

Wer seine Persönlichkeit im Laufe der Jahre entfalten will, braucht eine integrative und kreative Haltung:

> »Ich bin spontan und bereite Auftritte gern systematisch vor.«
> »Ich entdecke in jedem Chaos Ordnung.«
> »Ich bin fleißig und faul.«
> »Ich bin dick und erotisch.«

Die Feststellung einer Charaktereigenschaft, eines körperlichen Merkmals oder das Vertreten einer Position besitzt keine Ausschließlichkeit. Positionen oder Zuschreibungen können ein geeigneter Ausgangspunkt für Entdeckungsreisen, für Dialoge sein. Seit ich mir bewusst gemacht habe, dass ich nicht dem gängigen Schönheitsideal entspreche, meine Intelligenzleistung eingeschränkter ist als bei anderen, meine Auffassungsgabe verlangsamt ist, da verfüge ich über eine gewisse Sicherheit, einen Standpunkt, den ich als Ausgangspunkt für weitere Erkenntnisse nehmen kann. In meiner Haltung wandele ich ein beschränkendes Etikett oder eine einengende Zuschreibung in einen Ausgangspunkt, in ein Potenzial. Unsere sogenannten Schwächen bergen immer auch eines unserer Talente. So kann Spontaneität eine Befähigung sein, prozess- und teilnehmerorientiert zu arbeiten. Spontaneität kann auch zum Stolperstein werden, wo in einem Prozess der rote Faden oder die Verständlichkeit und Verbindlichkeit verloren gehen. Diese Gabe birgt in sich Lebendigkeit und Chaos.

Meine Talente sind meine größten Schwächen!

Der Ausbruch aus einem Etikett oder einer Position ist ein fragender Geist, der sich leiten lässt von einem großen Glauben und einem großen Fragen und Infrage stellen. Ich verharre nicht auf einer Position, auf einem Urteil, sondern nehme es als Aussichtsplattform.

In spiritueller Hinsicht ist somit jede Religion oder jeder Glaubenssatz ein Tor nicht nur zu, vielmehr in »Gott«. Ob ich jetzt an Gott glaube oder nicht an Gott glaube. Beides sind Ideen, die der spirituellen Horizonterweiterung dienen, wo ich mir einen offenen, fragenden Geist erlaube. Mit einer zweifelnden und forschenden Haltung wird dieser scheinbare Gegensatz aufgelöst, und ein Weg des Erkennens und Nicht-Wissens gestaltet sich.

Viele Frauen, Männer und immer mehr Kinder sind unzufrieden mit ihrem Körper. Dabei ist unsere Körperlichkeit, unsere Sinnlichkeit, das Organ, um genussvoll riechend, schmeckend, lauschend, sehend, tastend, bewegend, ruhend unsere Welt zu erkunden, zu entdecken, zu gestalten. Wie wir unseren Körper wahrnehmen, so nehmen wir die Welt war. Fühle ich mich beschwingt in meinem Körper, so wird auch die Welt etwas Leichtes an sich haben. Fühle ich mich behäbig, so wird vieles auch im Außen schwer.

Demgegenüber steht das: »Cogito ergo sum«, des Philosophen Descartes. Die Verkürzung unseres Seins auf das kognitive Denken verleugnet die Fülle der sinnlichen

Wahrnehmung. Wir denken auch mit unseren Händen, wo wir begreifen und wiedererkennen. Gerüche, die wir wahrnehmen und Gefühle, die wir erfahren, beeinflussen unsere Denkprozesse. Heute können uns Neurowissenschaftler nachweisen, dass Bildungsprozesse da gelingen, wo Lerninhalte emotional positiv besetzt werden. Gefühle und Emotionen sind die Sprache unseres Körpers, unserer Sinnlichkeit.

»Wisst ihr nicht, dass ihr Gottes Tempel seid und der Geist Gottes in euch wohnt!«, schreibt Paulus an die ersten Christen von Korinth (Kor.3, 16). Tempel Gottes meint hier »Wohnstätte« und Wirkstätte Gottes. Wir sind nicht einfach nur eine Aneinanderreihung von Aminosäuren und anderen Molekülen. Mit jedem Einatmen inspirieren wir uns, und Gottes Wirklichkeit atmet auf. Auf den Körper achten ist ein Geschenk, das man oder frau sich selbst gibt. Hierbei geht es nicht darum, einem Mode- oder Fitnessdiktat zu entsprechen. Es geht um einen zärtlichen, achtsamen Umgang mit sich selbst. Sich jeden Tag einen Augenblick des bewussten Lauschens zu gönnen, verbindet mit dem eigenen Körper und mit der Welt um einen herum. Beim Essen oder Wasser trinken, bewusst schmecken und nachschmecken. Eine bewusst gegessene Erdbeere erfüllt die Sinne mehr als ein Korb voll, der gierig hinuntergeschlungen wird. Diese Sinnenfreundlichkeit hat einen starken geistigen Aspekt.

Mit welcher Haltung begegne ich mir und meiner Körperlichkeit?

Vor mehreren Jahren durfte ich eine ältere, zahnlose, gebrechliche Frau in einem Wohnheim für verstandesmäßig beeinträchtigte Erwachsene bei ihrem abendlichen Ritual beobachten. Diese Frau stand mit ihrem

abgemagerten Körper in einem schlabberigen Nacht-
hemd vor dem Spiegel und frisierte andächtig und
zärtlich ihre längeren altersweißen Haare. Sie erfreute
sich mit ihrem zahnlosen Mund an sich selbst und an
ihrer Tätigkeit. Sie schenkte sich selbst ein paar Minuten Zärtlichkeit.

Diese Wertschätzung für die eigene Körperlichkeit können wir uns nur selbst geben.

Meditative Wege sind körperlich. Die Bewegungen des
Körpers sowie die Kraft und der Rhythmus des Atems führen unseren Geist in die Sammlung, in das Hier-und-Jetzt.
Die Achtsamkeit, die wir unseren körperlichen Empfin-
dungen schenken, lehrt uns, auf die Weisheit unseres Körpers zu lauschen. Gerade bei Konflikten – und ich gehe
jetzt von Konflikten auf der kommunikativen Ebene aus –
wenn der Verstand sich in Gedankengebäude einbetoniert
hat, gilt es achtsam zu sein auf die Reaktionen des Körpers.
In Gefahrensituationen neigen wir zur Flucht, Erstarrung
oder zum Angriff. In allen drei Fällen ist der Fluss des
Atems unterbrochen oder nicht in seinem Rhythmus. In
unangenehmen oder bedrohlichen Situationen gilt es als erstes tief auszuatmen, um wieder in einen belebenden Atemfluss zu kommen. Der Atem, die Inspiration durch Gottes
lebenspendende Ruach (Gn.1), wartet nur, eingeatmet zu
werden. Sie steht uns immer zu Verfügung. Mit diesen drei
oben genannten Angstreaktionen zeigt uns der Körper,
dass wir Entschleunigung brauchen. Kurz innehalten, ausatmen und sich selbst durch bewusstes Einatmen neu inspirieren, bedeutet körperliche Erstarrungen oder Verkramp-
fungen zu »beatmen« und zu beleben. Bleiben wir bei
einem verbalen Konflikt in der körperlichen Starre, die
Schultern sind zusammengesunken, der Nacken steif oder

der Rücken krumm, dann kann auch kein Dialog des Erkennens und der Begegnung stattfinden. Hier gilt es, dem Körper mit seinen Signalen und seiner Sprache Raum zu geben, indem wir nachfühlen, wie es uns gerade körperlich geht. Das können wir aussprechen und dadurch dem Kommunikationsfluss eine neue Dynamik geben.

> »Ich spüre, wie mir der Atem stockt. Die Kehle wird trocken. Mir fehlen einfach die Worte.«
>
> »Mein Bauch krümmt sich zusammen. Ich mag nur auf den Boden schauen. Mein Rücken ist gebogen. Ich will irgendwie nicht aufschauen.«
>
> »Da ist eine Leichtigkeit in mir. Eine Wärme, ein Prickeln. Meine Brust ist offen und weit.«

Wir nehmen wahr, wie es uns gerade geht und inspirieren (beatmen) bewusst diese Körperteile, um zur Mitte zu finden. Die sogenannte Gelassenheit vieler buddhistischer Nonnen und Mönche rührt von ihrem beständigen Atemfluss her. Sie bleiben auch in der Anspannung in ihrem Atemrhythmus, der ihnen Durchlässigkeit, Standfestigkeit und Ruhe schenkt.

Gerade das bewusste Schweigen und Atmen befreit unseren Geist in der Kommunikation von einengenden und beschränkenden Etiketten und Urteilen.

Im Schweigen sind wir einander nah.

Ich will, dass du mich achtest

Bei einem Seminar war es das Anliegen einer Frau, an ihrer Paarbeziehung zu arbeiten. Ihr Partner war nicht dabei. Sie beklagte sich, dass ihr Mann ihr immer wieder ins Wort fallen würde. Er würde sie verbal erniedrigen und demütigen.

Auf die Frage, was sie sich von ihrem Mann wünsche, sagte sie: »Ich möchte, dass er mich achtet.« Ich bat sie, sich für ein Statuentheater einen Teilnehmer auszusuchen, der mit ihr eine typische kurze Szene ihrer Paarbeziehung spiele. Sie wählte eine Szene aus, bei der sie ihren Partner, hier den Stellvertreter, zur Rede stellt, warum er bei einer Gartenshow, die sie wochenlang vorbereitet hatte, die Männer in Beschlag nahm, und sie somit nur den Frauen ihre Arrangements und Blumenanlagen zeigen konnte. In einem Moment des sich gegenseitigen Ankeifens und Niedermachens stoppte ich die Szene und bat sie, als Standbild in der jeweiligen Körperhaltung zu verharren und den letzten Satz in Erinnerung zu behalten.

Mit den anderen Teilnehmern beschrieben wir, was wir sahen. Beide waren mit ihren Gesichtern einander zugewandt, jeweils im Ausfallschritt. Die Gesichtszüge waren verzerrt, die Augen bei beiden zusammengekniffen. Der Mann schaute von oben auf die Frau herab, seine rechte Hand war etwas erhoben und angewinkelt. Die Frau hatte beide Hände zirka in Höhe ihres Halses, die Handflächen zeigten nach oben. Ihr Blick hatte etwas Flehendes, Leidendes.

Die Frau sagte mit einer flehenden, wütenden Stimme: »Ich möchte, dass du mich und meine Arbeit achtest. Und nicht dazwischenfunkst!«

In Ihrer Stimme und Gestik lag gleichzeitig etwas Starkes und Ohnmächtiges, Hilfloses. Hilflose Wut, die gesehen, geachtet, wahrgenommen werden möchte.

Der Mann sagte herausfordernd und mit zynischer Stimme: »Dich!? Dich, soll ich achten? Was machst du denn schon?«

Auch in seiner Stimme lag Ärger, Wut, doch auch Gehässigkeit. Als er seinen Satz sagte, versteifte er sich körpersprachlich. Er wuchs gleichsam über sich hinaus. Er machte sich größer, als er eigentlich ist. Er blickte seine Partnerin herausfordernd an. Seine ganze Körperhaltung war auf Konfrontation angelegt.

Körpersprachlich waren beide aus ihrem Gleichgewicht.

Das Standbild oder Statuentheater ist eine Methode, bei der entschleunigt sehr deutlich zum Vorschein kommt, was an Gefühlen und Bedürfnissen gerade lebendig ist. In diesem Fall vermittelte die Szene klar den Eindruck eines miteinander kämpfenden Paares. Was diese beiden hier zusammenhielt, war die Konkurrenz, der Kampf gegeneinander, doch ein Stückweit auch miteinander und umeinander.

Beide waren in einer ohnmächtigen Wut gefangen und verbunden. Ein markanter Unterschied lag nur darin, dass der Frust des Mannes ihn scheinbar stärker oder größer machte, währenddessen die Frau mehr in sich zusammensackte.

Die bettelnde und gleichzeitig wütend fordernde Stimme und Gestik der Frau waren Ausdruck ihrer Bedürftigkeit. Sie wollte etwas von ihrem Mann, das er ihr nicht geben konnte: Achtung, Respekt, Wertschätzung. All diese unerfüllten Bedürfnisse projizierte sie auf ihren Mann als Heilsbringer.

Wir hörten und schauten uns die Gefühle des Mannes am Beispiel seiner Äußerung: »Dich?! Was machst du denn schon!« näher an. In diesem »Dich!?« lag Bissigkeit, ein herausfordernder Spott, Überheblichkeit, eine zynische Absicht, ihn lächerlich zu machen. Was braucht jemand, der es nötig hat, andere in beschämender Weise zu erniedrigen? Wahrscheinlich braucht er selbst Stütze,

Rückgrat, Achtung, Respekt. Zynismus ist oft ein Ausdruck eigener Verletztheit und Unsicherheit.

Das Recht auf Achtung machte dieser Mann an dem Verdienst fest. »Was machst du denn schon?« heißt, womit verdienst du dir denn Respekt oder meinen Respekt. Die Lebensphilosophie, die dahinter steckt, ist, das wir uns Achtung, Wertschätzung, Anerkennung erarbeiten, er-leisten müssen. So eine Lebenseinstellung ist zum Scheitern verurteilt. Ein Mensch, der Anerkennung oder gar Liebe und Wertschätzung meint hinterherlaufen zu müssen, verdienen zu müssen, danach greifen zu müssen, gerät aus der Balance und kippt bildhaft gesprochen aus seinen Schuhen. Die Jagd nach Anerkennung kann uns zu vielen Leistungen anspornen. Ja! Doch gibt uns eine erworbene Anerkennung oder erworbener Respekt wirklich Sicherheit? Können Anerkennung und Wertschätzung sich nicht genau so schnell wieder verflüchtigen, wie wir sie gewonnen haben?

Wir stellten uns alle so auf, wie dieser Mann in dem Standbild und spürten nach, was wir brauchen, wenn wir wütend, überheblich, zynisch sind. Damit wir wieder in unser Gleichgewicht kommen, war es erst mal wichtig auszuatmen. Wir spürten, wir brauchen selbst Hilfe, Unterstützung, Anerkennung, Ruhe, Gelassenheit und Sicherheit. Und Leichtigkeit.

Im Weiteren erzählte die Frau, dass in ihrer Beziehung alles gut läuft, so lange sie in die Welt des Mannes einstimmt, ihm recht gibt und für ihn da ist. Solange sie ihn stützt. Sobald sie jedoch ihre Interessen verfolgt, ihren Garten, ihre Kreativität, kommt es zum Ärger und zu Streit.

Wir ergänzten das Standbild um weitere Elemente. In den Rücken der Frau stellten wir ihre Potenziale, ihre Kreativität, all das, was sie gern macht. Sofort richtete die Frau sich auf und wuchs in ihrer Selbstachtung. Sie genoss es sichtlich, vom Rücken her durch ihre Kompetenzen gestärkt zu werden. Sie strahlte über das ganze Gesicht und erfreute sich an den Händen, die sie von hinten festhielten. Sie gewann bildhaft gesprochen, Achtung, weil sie zu sich selbst stand. Sie löste auch den Blick von ihrem Mann. Er war nicht mehr länger ihre Projektionsfläche für unerfüllte Bedürfnisse. Sie konnte gerade ausschauen.

Der Mann hingegen wurde unruhig, schabte auch mal mit den Füßen und schrumpfte merklich. Auch er brauchte Stärke, Unterstützung, doch nicht die seiner Frau. Er brauchte seine eigene Potenz. Ein anderer Teilnehmer stellte sich hinter den Mann als Symbol für seine Potenziale. Da gewann auch er an Kraft. Er konnte nun sowohl ruhig seine Frau mit ihrer Lebenskraft sehen, wie auch eine eigene Perspektive annehmen. In dieser Aufstellung war klar, dass noch ein weiteres Element fehlte, das beim Anfangsbild sehr wohl präsent war. In der ersten »Kampfstellung« waren sie miteinander verbunden. Dieses Element: »Was uns verbindet«, stellten wir auch noch auf. Es ergänzte das Schlussbild.

Sie gewannen beide an Selbstachtung, da sie sich ihrer eigenen Potenziale bewusst wurden, Projektionen (Der andere muss mich glücklich machen. Der andere muss mich achten) konnten hier gelöst werden.

Sich seiner Selbst bewusst werden, mit allen Schwächen und Talenten, befreit uns aus der Bittstellerhaltung, wenn es um unser Bedürfnis nach Respekt oder Wertschätzung geht.

Wo finden wir Achtung, Respekt, Wertschätzung? Wo ist die Quelle?

Psychologisch gesehen ist es wichtig, dass das kindliche Urvertrauen durch verlässliche Bindungserfahrungen mit den Eltern und anderen nahen Bezugspersonen gestärkt wird. Die aktuelle Resilienzforschung zeigt, dass Kinder und Erwachsene aus schweren traumatischen Erfahrungen hervorgehen können, wo sie sich und diesen Ereignissen einen Sinn geben können oder Sinn finden können (Kohärenzgefühl).

Der mystisch-spirituelle Weg ist in dieser Frage, wie auch in der Frage nach der Quelle von Liebe, Wertschätzung und Anerkennung, ein emanzipatorischer Weg. Das Sitzen in der Stille und Infragestellen von jeglichen religiösen Anschauungen bedeutet ein sich Stückweise Freimachen von Projektionen. Solange wir meinen, der oder die andere ist für mein Glück und Wohlempfinden verantwortlich, sind wir in einer starken Abhängigkeit. Die Kontemplation oder der Zen-Weg sind Wege des radikalen Loslassens einer dualistischen Weltanschauung. Es ist also nicht ein Gegenüber, ob der Partner, die Mutter oder ein wie auch immer gedachter Gott, der uns Liebe, Anerkennung, Wertschätzung entgegenbringt. Der mystische Weg ist ein Weg des sich selbst Lassens und damit auch Gott als ein Gegenüber. Wir verlieren uns in Gottes Liebe. Es gibt keinen Grund, weshalb wir geachtet werden sollten, oder geliebt oder wertgeschätzt. All diese Bedürfnisse sind Geschenke, keine Verdienste. Wertschätzung gibt es nicht wirklich zu kaufen.

Zu meinen, ich werde nur geliebt, wenn ich es anderen Recht mache, der Mama oder dem lieben Gott, ist eine leidvolle Lebenseinstellung.

In der jahrelangen Schweigepraxis verlieren sich solche Abhängigkeiten in einer tiefen Leere, oder einem grundlosen Grund, wie Mystiker es gern nennen.

Wir sind grundlos geliebt oder geachtet. Dafür gibt es keine Bedingung.

Nur reicht es nicht, diese mystische Einsicht, die leicht zu schreiben und leicht zu lesen ist, nur einfach zu wissen.

Wo wir uns verlieren in diesem grundlosen Ja zu uns, da findet Wandlung statt. Es ist weder einfach noch schmerzfrei, sich von liebgewonnenen Prägungen und Projektionen zu lösen. Der Weg von der Abhängigkeit von menschlichen Liebesverdiensten zu einem unbegründeten Geliebtsein ist dornig und dauert wahrscheinlich sein Leben lang. Wir wachsen in diese und in dieser Quelle der Liebe.

Eine nie versiegende Quelle

Keiner hat mich lieb, jammert das Kind.
Die Liebe der Eltern reicht nicht aus.
Bin ich attraktiv genug?
Die Begierde des Jünglings sättigt nicht.
Ist mein Chef mit mir zufrieden?
Es ist schwer, es anderen recht zu machen.
Bin ich eine gute Mutter?
Die Liebe der Kinder ist unergründlich.
Ich bin es müde, um Liebe zu kämpfen.
Als ich aufhörte zu betteln,
Stimmte ich ein in die nie versiegende Quelle.

Das wollte ich nicht

Wer kennt sie nicht, die Erkenntnis: »Das wollte ich nicht!«.

Wer so denkt, fühlt sich möglicherweise beschämt, traurig oder erschrocken. Statt uns in schamvollen Gedanken und Grübeleien selbst zu verurteilen, können wir einfach fragen: »Was wollte ich dann?« Und was kann ich jetzt tun, um dieses andere Bedürfnis zu verwirklichen?

Würden wir uns in Scham- oder Schuldvorstellungen

verstricken, lähmten wir uns selbst. Wir richten uns auf, wo wir uns wieder mit unseren ursprünglichen Werten verbinden.

Sohn: »Du mit deiner ewigen Nörgelei, verdirbst mir jedes Spiel. Lass mich doch alleine.«

Mutter: »Das wollte ich nicht. Ich wollte dir helfen.«

Sohn: »Ich bestimme, ob, wann und wie ich Unterstützung brauche. Und von wem!«

Selbsteinfühlung der Mutter: »Wenn ich höre, wie du zu mir sagst, dass du selbst bestimmen willst, ob, wann und wie du Unterstützung haben willst und von wem, dann bin ich erst erschrocken. Denn das ist mir auch wichtig, dass du das erkennen und bestimmen kannst. Die Art und Weise, wie ich dir letztlich geholfen habe, hat deiner Selbstbestimmung keinen Raum gegeben. Das tut mir leid, weil es mir wichtig ist. Mir ist wichtig, dass wir uns darüber austauschen können, wann und wie du Hilfe brauchst. Mir ist auch wichtig zu erfahren, was du brauchst, damit du meine Unterstützung annehmen kannst? Oder was für dich konkret eine Unterstützung meinerseits wäre. Deine Ehrlichkeit ist mir sehr wichtig dabei. Bitte wehre dich weiterhin, wenn ich in deinen Augen übergreifend bin. Danke.«

Wo wir an eigenen Erwartungen scheitern, ist es wichtig, die Trauer und das Bewusstsein darum mitzunehmen in das stille Gebet oder in tiefes Schweigen. Einfach mit dem eigenen Fehlen, dem eigenen Nichtkönnen in der Stille sitzen. Ohne Urteil, ohne Verurteilung. Dieses bewusste und doch absichtslose Sitzen in der Stille mit seiner eigenen Trauer kann ent-täuschen. Täuschungen oder überzogene Erwartungen können durch die urteilsfreie Trauer gereinigt werden. Wir dürfen scheitern, wir dürfen versagen. So können wir aus der Stille gestärkt hinausgehen und kommen uns selbst dabei näher.

Die Kraft des Bedauerns ist heilsam, da wir uns selbst wieder in Balance bringen, ins Gleichgewicht. Wir versöhnen uns mit uns selbst. Wir schaffen wieder ein rechtes Maß, einen Ausgleich.

Ich habe mir immer die Schuld dafür gegeben

Eine Frau hatte in der Schwangerschaft ihr Kind verloren. Sie wollte das Kind. Ihr Partner nicht. Sie lehnte einen Abbruch ab, dann verlor sie das Kind. Einige Zeit später trennten sich auch Mann und Frau. Heute lebt sie in einer neuen Partnerschaft, ohne Kinder. Sie möchte sich beruflich neu orientieren. Sie hat beruflich viel mit Gewalt zu tun. Sie setzt sich für andere, besonders für Frauen und Mädchen ein. Sie betreibt erfolgreich einen Kampfsport. Doch sie schreibt auch gern. Beim Schreiben zieht sie sich in ihre Welt zurück, malt Bilder mit Worten. Im Schreiben spürt sie ihre Seele. Doch wird sie davon leben können? Wenn sie vom Schreiben spricht wird ihre Stimme weich, verletzlich, doch auch klar und stark.

>»Ich weiß nicht, was ich will!
Ich bin so unschlüssig. Ich brauche Klarheit, was da für Themen und Kräfte, für Möglichkeiten in mir sind.«

Diese Klarheit erarbeitete sich die Frau, indem sie ihre aktuellen Wahrnehmungen, Interessen und ihre berufliche Tätigkeit aufschrieb und neu im Raum platzierte. Sie schrieb all das, was sie aktuell im Kontext von Neuorientierung bewegte, auf Zettel und legte sie auf den Boden aus. So entstand eine sichtbare Ordnung, eine Struktur. Sie stellte sich hinter die jeweiligen Zettelchen mit ihren Themen und spürte nach, wie es ihr dabei ging, auch wenn sie dabei auf die anderen Themen blickte. So erkannte sie Kraftfelder, ihre Potenziale.

Als sie auf dem Themenfeld des Schreibens stand, wurde sie zaghaft, verletzlich, doch auch weich. Eine große Sehnsucht war zu spüren. Sie spürte, dass etwas fehlte. Es war, als wenn ihr Lebensfluss ins Stocken geriete. Doch sie hatte keinen Namen dafür.

Mit ihrem Einverständnis gab ich ihr ein Zettelchen, worauf »mein Kind« stand und ein kleines Kreuzzeichen daneben. Sie hielt es in Händen und begann zu weinen. Sie hieß es willkommen, wie eine Mutter ihr vermisstes Kind. Für den Beobachter war deutlich zu erkennen, dass hier etwas ganz wurde, dass Versöhnung stattfand, eine Versöhnung mit sich selbst.

> »Es gehört zu dir.«
> »Ja, das weiß ich. Ich habe mir nur immer selbst die Schuld gegeben, dass ich es verloren habe.«

Zwischen ihr und dem Kind stand die »Schuld« als trennende Mauer.

Schuld, weil sie meinte, dass ungeborene Kind vielleicht nicht genug geliebt zu haben. Schuld, weil sie meinte, dem Kind sein Leben genommen zu haben. Wo wir uns schuldig meinen, auch wenn wir im Deutschen dazu »fühlen« sagen, so ist ein Schuldgefühl doch eine Gedankenverstrickung von Eventualitäten.

Wo ich mich schuldig fühle oder meine, da fühle ich mich klein, schwach, zerknirscht, unwürdig.

Was brauche ich, wenn ich mich klein, schwach, zerknirscht, unwürdig fühle?

Ich brauche Aufrichtigkeit, Kraft, Unterstützung, Klarheit, neue Perspektiven …

Den ersten Schritt zur Versöhnung mit sich selbst machte die Frau, indem sie »ihr Kind« symbolisiert durch das Zettelchen annahm und dabei ihren Körper reagieren lies. Die Trauer und die Freude über »das Dasein des Kindes« waren stärker als die Selbstbeschuldigungen. Sie gab diesem »Kind« Raum in ihrem Leben. Sie nahm es an. Es ist gleichgültig, wie viele Tagen oder Wochen sie schwanger mit diesem Kind war. Es ist ein Teil von ihr, von ihrem Leben, das wahrgenommen, wertgeschätzt und gewürdigt sein möchte. Es braucht seinen bewussten Platz im Leben der Frau.

Sie legte das Zettelchen auf den Boden in die Nähe des »Schreibens«, stellte sich dahinter und spürte nach, was sie wahrnahm. Sie spürte, dass es dem »Kind« gut ging. Sie spürte auch, dass es dem »Kind« wichtig war, dass es der Mutter gut ging. Das »Kind« in ihr brauchte und machte keine Schuldgefühle. Es wollte einfach da sein, einen Platz haben. Diesen Platz gab die Frau in der Folge diesem »Kind« auch durch eine Erinnerungsecke in ihrer Wohnung.

Schuld konnte sich in Liebe wandeln.

Ich kann nicht logisch denken

Eine Frau Mitte Vierzig erzählte, ihre Eltern hätten sie als Jugendliche stets mit ihrer Schwester verglichen und zu ihr gesagt, sie könne, im Gegensatz zur Schwester, nicht logisch denken. Diese Behauptung wurde in ihrem Leben zu einem prägenden Glaubenssatz.

Innerlich hat sie sich gegen diese Denunzierung gewährt.

Im beruflichen Kontext hat sie sich jedoch bereits wiederholt dabei ertappt, wie sie sich gegenüber Kollegen oder Vorgesetzen selbst so beschreibt. Kürzlich hatte sie sich dabei ertappt, dass sie sich gegenüber einer neuen, in ihren Augen sehr qualifizierten Arbeitskollegin mit den Worten vorstellte: »Ja, ich bin auch hier, ich kann aber nicht so gut denken. Ich muss in diesem und jenem Bereich noch viel lernen.« Diese Selbstbeschreibung hat sie sehr schockiert.

Mit Hilfe der Gewaltfreien Kommunikation haben wir in einem ersten Schritt herausgehört, was an Gefühlen und Bedürfnissen in ihr lebendig ist.

> »Wenn ich diesen Satz: »Ich kann nicht logisch denken« innerlich höre, dann werde ich wütend, dann sträubt sich in mir alles dagegen, und ich möchte laut rausschreien: »Das stimmt nicht! Ich kann das sehr wohl!« Ich bin empört, verunsichert, fühle mich trotzig und traurig. Ich spüre auch eine riesige Energie und Kraft in mir. Gleichzeitig habe ich das Gefühl, dass ich nichts kann.«

Ihre Gefühle sind ambivalent. Zum einen spürt sie eine starke Empörung. Körpersprachlich haben wir diesem Empörtsein mit einem Standbild Ausdruck verliehen. Ihre Körperhaltung, ihre Mimik, ihre Gestik drückte »geballte Kraft und Wut« aus. Da sammelte sich viel Lebenskraft in ihr, die raus wollte.

Zum andern dämpfte die Meinung: »Ich kann nichts!« ihre Kraft und ließ sie verpuffen.

In ihrer Selbsteinfühlung sagte sie: »Gleichzeitig habe ich das Gefühl, dass ich nichts kann.« Dies ist eine Meinung, kein Gefühl. Dieser Satz ist eine gedankliche Schranke, die so mächtig ist, dass sie die Lebenskraft dieser Frau vermindert. Wie versuchen diesen Satz etwas zu entmachten, indem wir nachspüren, wie wir uns fühlen, wenn wir denken: »Ich kann das nicht«. Dann fühlen wir uns schwach, ohnmächtig, klein und hilflos.

Was kann jemand brauchen, der sich so oder ähnlich fühlt? Wir brauchen dann Kraft, Stärke, Unterstützung, Klarheit und Orientierung.

All diese Bedürfnisse sind Angebote oder Möglichkeiten. Die Betroffene spürt selbst sehr genau, was zutreffend ist, wo ihr Körper in Resonanz geht, oder ob noch ein Bedürfnis nicht wahrgenommen wurde.

Im konkreten Fall war das Gefühl der Empörung sehr stark. Dieser Dynamik folgten wir. Welchen Weg zeigt uns ihr Körper, wenn wir ihrer Empörung, ihrer angestauten Wut und Kraft Raum geben?

Wir stellten zwei Stühle im Raum auf. Der eine Stuhl symbolisierte den Satz: »Ich kann nicht logisch denken!«

Der andere Stuhl stand für das, was oder wie sie gern sein möchte, für die Lebenskraft, die in ihr wohnt, die raus möchte, und die durch solche Glaubenssätze klein gehalten wird.

Sie nannte den Stuhl: »Ich möchte so sein, wie ich bin. Mit allem, was zu mir gehört.«

Sie hatte jetzt die Möglichkeit, sich mit Clownsnase den Stühlen zu nähern, die zirka zwei Meter voneinander entfernt standen, sich auf einen Stuhl ihrer Wahl zu setzen, damit zu spielen und sich in diesen jeweiligen Satz hineinzuleben mit all ihrer empörten Lebenskraft.

Sie ging als Clown zu dem Stuhl, »der nicht logisch denken kann«. Sie setzte sich drauf, schaute uns an und meinte: »Ich kann nicht logisch denken.«

Für uns Beobachter war allein die völlige Annahme dieser Aussage, wie sie diesen Satz als Clown ganz logisch und klar und ohne Zweifel sagte, stark und authentisch. Sie saß oder bewegte sich um den Stuhl und mit dem Stuhl und war präsent. Voll da. »Logisch denken? Ich?! Nein, das kann ich nicht!« Sie spielte mit dem Satz, eroberte ihn stimmlich, emotional, kostete ihn mit ihrer Mimik und Gestik voll aus. Sie sagte es verführerisch, dann wieder wütend oder ganz gelassen. Sie entdeckte diesen Satz mit all ihrem emotionalen Reichtum. Er eröffnete ihr eine Welt, denn wer nicht logisch denken kann, kann vieles andere. Muss ja vieles andere können. Sie entdeckte sich ein stückweit, ihre Fähigkeiten, ihren Humor, ihre Kreativität, Flexibilität. Sie entdeckte spielerisch, wie dieser Satz, wie dieser niederschmetternde Satz sie im positiven Sinn in ihrem Leben geprägt, ja herausgefordert hat. Kurz probierte sie auch den anderen Stuhl aus, der für »Ich bin wie ich bin« stand. Den fand sie schnell langweilig. Sie kehrte zurück, zu ihrem nicht logisch denkenden Platz, freute sich daran und lebte auf. Da war sie, deutlich sie selbst, mit allen verborgenen und bekannten Talenten. Sie versöhnte sich mit den Geschenken, die dieser Glaubenssatz, unter dem sie auch sehr gelitten hatte, bereithielt.

Abschließend nahm sie die kleine rote Maske – diese kleine Entfremdung – ab und konnte dann auch ohne rote Nase ausdrücken, was sie gerade körperlich empfunden, gespürt und gedacht hat.

> »Ich bin kreativ, flexibel, habe viele Ideen, bin leicht zu begeistern und möchte noch viel lernen in meinem Leben.«

Der Clown, diese archetypische Qualität in uns, nimmt Impulse im Leben so an, wie sie kommen. Er verweigert sich nicht. Die lähmende Ambivalenz bei dieser Frau war, dass sie sich einerseits gegen diese Etikettierung auflehnte und ihr dadurch ungeheure Macht gab, und sich damit gleichzeitig von ihm bestimmen ließ. Dieser Glaubenssatz hielt sie »klein und dumm« und er verhalf ihr, andere Potenziale zu entwickeln als allein die Logik.

Indem sie diesen Satz ohne Widerstreben, ja spielend annahm, begannen ihre kreativen Kräfte zu fließen. Humor kam ins Spiel und machte sie stark und präsent. Sie war in diesen Momenten mit sich selbst versöhnt. Dies spürte sie, und wir als Beobachterinnen konnten diesen Wandel dankbar miterleben.

»Wer bist du?«, fragte der Meister seinen Schüler.

»Ich bin nicht der, der ich gestern war, und ich bin nicht der, der ich morgen sein werde«, antwortet der Schüler.

»Zeige es mir«, forderte der Meister ihn auf.

Der Schüler verbeugte sich und goss dem Meister Tee ein.

Ich genieße

»Ein dunkles Schokoladenviereck
übt auf die Zähne
den gleichen sinnlichen Reiz aus
wie Matsch auf die mutwilligen Füße der Kindheit.
Auf der Zunge lockt die dichte, dunkle Masse
Speichel aus roten Gräben.
Die Schokolade löst sich süß in zähen Schlamm
liebkost man bedächtig die Kanten
des Täfelchens, bis es
Aromen, Erinnerungen und Blumen
den entspannten Papillen preisgibt.
Schokoladenströme
fließen über Zahnfleisch, dringen in Zwischenräume,

und die Lust – die wir als flüchtig kennen –
dreht, im Mund gefangen, ihre Runden.
Jetzt, da ich dich nicht habe,
verzehre ich Schokolade
um mich, ganz legitim und ohne Schuld,
dem Eros hinzugeben.

Schokolade essend denk ich Biss um Biss an deine
Haut
denke an deine Beine
deine Füße
denke an die Leckerbissen
des Lebens.«[17]

Genießen ist eine sinnliche Befriedigung, hat eine eroti-
sche Komponente und eine spirituelle Dimension. Momente des Genusses sind oft Augenblicke voller Achtsamkeit. Wir nehmen ein Stück Schokolade mit all
unseren Geschmackspapillen wahr, seine Festigkeit, die
langsam nachgibt, weich wird. Dabei nimmt nicht nur der
Gaumen den Geschmack wahr, wo wir uns wirklich einlassen auf sinnlichen Genuss, da schmecken wir mit allen
Poren. Wo wir genießen, da entschleunigen wir. Wir halten scheinbar die Zeit an und lassen uns erfüllen von dem
einem Moment des Wahrnehmens. Ein Musikstück, wo
wir ganz Hörende sind. Ein Kuss, wo Empfangen und
Geben eins sind. Im Genießen können wir mitten im Alltag einer Allverbundenheit gewahr werden, denn unsere
Sinne sind wach. Wir sind ganz da. Genießen hat etwas
mit Feiern zu tun, weil Alltägliches, Banales erfüllend
wird. Ob es ein zärtlicher Moment ist, oder auch der
Kampf, bei stürmischem Wetter am Meer entlang zu gehen, wenn jeder Schritt mühsam ist, und uns Regenwasser

und aufgepeitschte Gischt entgegen spritzt. Wir können diese Momente genießen, wo wir sie genießen wollen. In unserer Überflussgesellschaft gibt es jedoch immer mehr Menschen, die nicht mehr genießen können, weil unsere Reize überflutet sind. Wir haben zu viel, zu schnell.

Genuss braucht Askese. Askese im Sinne von bewusstem Verzicht und Einlassen auf das »eine, was nottut« (Lk. 10,42) oder auf das, was jetzt gerade dran ist. Wenn wir Tee trinken, dann trinken wir Tee.

In unserer betriebsamen Welt neigen wir dazu, Geschäftsessen zu arrangieren oder beim Joggen die Termine der nächsten Woche in Gedanken zu koordinieren. All dies ist möglich und sicher zeiteffizient. Doch brauchen wir schlichte Momente des einfachen Daseins, wo wir in der Wiese liegen und nichts anderes tun, als uns die Wolken anzuschauen. Wir brauchen Momente, wo wir uns selbst genießen, wo wir genießen, dass wir einfach da sind. In der Gewaltfreien Kommunikation spricht man hier davon, dass sich die Giraffe selbst feiert. Mit diesem Bedürfnis des feiernden Genießens, nähren wir unsere Selbstwahrnehmung. Dazu braucht es nicht viel. Es gibt uns ja schon.

Warum jagt ihr nach der Ehre der Menschen, wenn euch doch die Ehre Gottes gegeben ist, lautet die Botschaft Jesu im Johannesevangelium (Joh. 5, 41ff). Dass wir uns in Gott und Gott in uns finden können, wie Mystikerinnen und Mystiker immer wieder erkannten, ist für viele Menschen eine zu abstrakte Botschaft. Lieber laufen sie, süchtig nach Anerkennung, einem flüchtigen Ruhm hinterher.

Dabei sind wir eingeladen, wie Jakob zu entdecken: »Wirklich, der Herr ist an diesem Ort und ich wusste es nicht!« (Gen. 28,16). Ihm träumte von der Himmelsleiter, vom Himmel auf Erden.

Diesen »Himmel auf Erden« oder Gott in allen Dingen können wir immer wieder in der Eucharistie feiern.

»Kommt und schmeckt, wie köstlich der Herr ist«, lautet die Einladung zum Abendmahl. Dann bekommt man ein Stück Oblate, etwas Mehl mit Wasser, so trocken, das es oft am Gaumen klebt. Hier schmecken wir die Weisheit des Herrn. Gottes Gegenwart ist schlicht, ohne Prunk und Gehabe. Damit wir Gottes Gegenwart in unserem Alltag feiern können, und dich und mich, dazu braucht es nicht viel. Es braucht wenig, einen leeren Geist, unvoreingenommen.

Sehen wir und schmecken wir nur Mehl, oder feiern wir mit all unseren Sinnen Gottes Gegenwart? Wo meine Erwartungen leergeräumt sind, wo ich mir erlaube, ganz hier zu sein, präsent, da ist jedes Stück Brot der Leib Christi. Wandlung geschieht nicht vor meinen Augen. Wandlung geschieht, wo ich mit meinem Herzen schaue. Die Gegenwart Gottes, die immer schon da ist, lasse ich in mir, durch mich wirksam werden. Ich lasse einfach zu, was ist, das Heilige im Alltäglichen.

Im Alltag vergessen wir oft, dass diese Welt erfüllt ist von Gottes Wirklichkeit. Da braucht es Anstöße, besondere Momente, dass uns die Augen aufgehen, Zeiten, wo wir den Himmel hier auf Erden feiern.

Hier ist es wichtig, dass wir uns diese heiligen Zeiten im Alltag einräumen. Dadurch bekommt unser Leben einen ordnenden Rhythmus.

Feiern in spiritueller Hinsicht bedeutet anzuerkennen, dass wir immer schon anerkannt sind. Wir feiern uns und wir feiern Gott, wo wir uns ein paar Minuten Achtsamkeit und Beachtung schenken.

Ob im Liegen, Gehen, Stehen oder Sitzen, wo wir innehalten, können wir die Augen schließen und uns mit Gottes Atem erfüllen. Mit jedem Einatmen erfüllen wir uns mit der Liebe, die für uns da ist, bedingungslos. Mit jedem Einatmen, schicken wir uns selbst ein Lächeln.

Ganz einfach. Atmen.

Aufrichtigkeit in der Beziehung

Wo wir wahrhaftig zu uns selbst sind, uns feiern und leiden können, da ebnen wir uns den Weg zu mehr Aufrichtigkeit in Beziehungen. Im Folgenden schauen wir uns Situationen aus unterschiedlichen Zweier-Konstellationen an. Ein Schwerpunkt dabei ist der konstruktive Umgang mit Kritik. Dabei begleiten uns zwei wesentliche Einsichten:

Jemand Einfühlung zu geben, ist ein Geschenk, keine Pflichtübung, und wer uns kritisiert, offenbart immer etwas von sich selbst. Wo wir Klarheit über unsere eigenen Interessen und Werte haben, verwurzeln wir uns bildhaft gesprochen mit dem Boden unter unseren Füssen, und von dieser Empathie mit mir selbst ausgehend, kann ich mich gestärkt zu und mit dem anderen bewegen. Offen zu sein für die Bedürfnisse des anderen bedeutet nicht, mit ihnen übereinzustimmen. Es bedeutet, sich auf einen Dialog einzulassen. Ein Wesenszug des Dialogs ist, dass er Raum zur Begegnung, zum gemeinsamen Suchen und Ausprobieren gibt. Offenheit für den Dialog heißt, wir sind gemeinsam neugierig, auf das, was wir gemeinsam gestalten und entdecken. Unsere Beziehung ist nicht von vornherein festgeschrieben, wir gestalten sie Schritt für Schritt. Dieser gemeinsame Weg kennt stürmische Zeiten, langweilige, sogenannte Irrwege, Umwege und wichtige Pausen und erholsame Auszeiten. Manchmal schaut die eine dem anderen bei seinen Entwicklungsprozessen zu, dann warten sie wieder, ob und wie er oder sie nachkommt.

Ich will nicht immer verstehen

»Ich habe gar keine Lust, andere immer und zu jeder Zeit zu verstehen und einfühlsam mit ihnen umzugehen. Ich will ja auch mal Spaß haben und relaxen.«

»Ich will ja auch mal Spaß haben!«, in dieser Äußerung drückt sich ein sehr wichtiges und bereicherndes Bedürfnis aus. Für was steht »Spaß« in unserem Leben? Spaß kann für Leichtigkeit stehen, für Entspannung, für eine vertrauensvolle Beziehung, für Erheiterung, dass etwas in uns oder mit uns heiter wird und licht. Spaß, Witz und Humor bringt das Leben in Fluss. Eine Spaßgesellschaft hingegen ist anstrengend, da wo um Biegen und Brechen gelacht werden muss, oft auf Kosten von anderen. Spaß machen oder haben im Sinne von »relaxen« ist vergnüglich und ein Zeichen von Wertschätzung und einem befreiten Umgang miteinander, wo wir nicht alles so ernst nehmen. Menschen, die vieles oder »alles« ernst nehmen, leiden mitunter an Verstopfung. Menschen, die keinen Spaß verstehen, kneifen die Pobacken zusammen und verschließen so viele Körperöffnungen wie möglich. Sie halten gleichsam ihre Körper- und Lebenssäfte bei sich, das erschwert oft die Begegnung oder Kommunikation mit anderen. Sie teilen sich nicht mit. Sie geizen mit sich selbst, da sie sich ja so wichtig und ernst nehmen. Humorvolle Menschen, die auch über sich selbst lachen können, »fließen über«, manchmal vielleicht ein bisschen zu viel. Wo wir uns in Freude, mit Humor und Leichtigkeit begegnen können, da stimmt unser zwischenmenschliches Timing, unser Rhythmus, das Taktgefühl.

Bei einer Sache oder in einer Situation Spaß zu haben, ist wie ein belebender Motor. Deshalb brauchen Schüler beim Lernen Spaß, die Kollegen im Büro und auch Manager in ihren Leitungsfunktionen. Wo es uns Spaß und Freude macht zu sein, da fühlen wir uns nicht nur wohl, da fühlen wir uns immer auch herausgefordert. Ein spaßiger Moment birgt etwas Unerwartetes in sich. Was tut sich jetzt? Was kommt jetzt? Was fällt uns jetzt wieder ein? Eine lockere, vertrauensvolle Atmosphäre lässt viele Gedankenblitze und Einfallsreichtum zu. Wo der Spaß zu Hause ist, da weht ein Geist der Offenheit und auch der Dankbarkeit. Diesen Spaß, diesen Geist der Offenheit und Dankbarkeit brauchen wir, um einfühlsam mit uns selbst zu sein und mit anderen. Wo wir uns aus moralischem Gutbürgertum zur Empathie auffordern, da wird es ziemlich verkrampft. Die Einfühlung mit mir selbst und anderen ist wie das Segeln auf den Wogen des Meeres. Ein Mitschwingen mit den Bewegungen des anderen, dazu kann ich mich schwer zwingen.

Zwar können wir uns in einem professionell abgeklärten Wollen üben, doch mehr als eine methodische Kompetenz, die sehr hilfreich sein kann, brauchen wir zur Einfühlung eine Leichtigkeit des Herzens. Eine stille Freude um die Begegnung mit dem anderen. Dies ist natürlich nicht immer leicht. Diese stille Freude gründet sich nicht in der Beziehung zu dem jeweilig anderen. Diese stille Freude gründet sich in einer umfassenden Dankbarkeit für unser Leben, dafür das wir da sind. Diese Dankbarkeit gilt es zu kultivieren – Tag ein, Tag aus. Wir können sie pflegen, indem wir uns Momente des Schweigens gönnen, dieser Dankbarkeit in uns Raum geben und mit jedem Ein- und Ausatmen bewusst erfüllen lassen. Wenn uns etwas grämt oder ärgert, dann können wir stunden- ja tagelang damit im Kopf herumrennen. Dem Ärger geben wir jede Menge Zeiträume, ganze Nächte opfern wir ihm. Unserer Dankbarkeit würden einige Momente am Tag genügen, wo wir sie bewusst in uns spüren und uns von ihr bewegen lassen.

Dankbarkeit

Einige Minuten der Dankbarkeit.
Für was?
Für die Sonne, den Staub, den Regen,
für unser Dasein mit allen Facetten.
Dankbarkeit dafür,
dass das Leben nicht unseren Erwartungen entspricht.

Wir müssen nicht immer und zu jeder Zeit andere Menschen verstehen oder gar uns selbst. Das anfängliche »ich will nicht« weist hin auf das Moment der Selbstbestimmung. Es ist wichtig, dass eine empathische Haltung für uns stimmig ist. Wir können – nicht müssen – selbst einstimmen in eine Haltung der Einfühlung.

Wo es Spaß macht, in die Wirklichkeit des anderen einzutauchen, da fällt es leicht. Es ist die Freude zu entdecken, was der andere wie sieht oder meint. Es ist ein Entdeckergeist, um ohne Urteil oder Absicht zu verstehen oder zu erkennen, was in dem anderen gerade lebendig ist. Empathie braucht einen angstfreien Raum, wo bei allem Ernst auch Humor zu Hause ist.

Diesen Raum zu einem offenen, entdeckerfreundlichen Dialog können wir in uns durch Momente der achtsamen Selbstwahrnehmung selbst bereiten.

Welche Grundstimmungen nehmen wir in uns wahr?

Fühlen oder meinen wir uns eher als Verfolgte oder Zu-kurz-Gekommene in dieser Welt, oder gibt es einen tiefen Basston in unserem Leben, der erfüllt ist vom Klang der Dankbarkeit und Geborgenheit?

Je mehr wir uns selbst mit all unseren lebensgeschichtlichen Brüchen, Verletzungen und Verwirrungen annehmen und versöhnen können, desto leichter finden wir auch den Weg zu einer einfühlsamen und achtsamen Haltung dem anderen gegenüber.

Wir machen uns selbst ein Geschenk, wo wir Momente der achtsamen Selbstwahrnehmung in unseren Alltag integrieren und uns Schritt für Schritt mit uns selbst versöhnen können. Meditatives Schweigen oder Gehen ersetzt keine Therapie, wo eine Therapie erforderlich ist, doch eine intensive Meditationspraxis in Begleitung eines reifen, erfahrenen unspektakulären Anderen kann sehr heilsam und versöhnend wirken. In der Weite der Stille können wir annehmen, was ist. Wenn mir in meinem Leben etwas Schreckliches passiert ist, ist es wichtig, dies anzunehmen. Das ist mir passiert. Das habe ich gemacht. Wo wir in den Phasen des Haderns und Verleugnens stecken bleiben oder es als Teil unseres Lebens ablehnen, verlieren wir viel Lebenskraft. Wir amputieren uns ein Stückweit. Unser Leben mit all den Schmerzen, Freuden, glückenden und verletzenden Momenten anzunehmen, anzunehmen ohne Urteil, ist eine immer wieder kehrende Chance. Mit diesem Ja zu uns bereiten wir einen Raum zur Begegnung mit dem Anderen. Mit diesem Ja zu uns entwickeln wir eine Kraft der Güte, die ein Geschenk für andere ist.

Bei unseren Seminaren feiern wir manchmal ein Ritual der Wandlung, dabei erzähle ich meine Variante von der Muschel und dem kleinen spitzen Steinchen.

Es war einmal eine kleine Muschel, die schwamm vergnügt mit ihren Muschelfreundinnen und Freunden im Meer herum. Sie freute sich am Glitzern des Wassers, an den Farben der Fische und den Bewegungen der Algen. Eines Tages verschluckte sie sich und spürte schmerzhaft etwas kleines Spitzes in sich. Dieses unangenehme Ding wollte sie loswerden. Sie wollte es ausspucken, auskratzen. Doch je mehr sie sich bemühte, es loszuwerden, desto stärker vergrub es sich in ihrem zarten Fleisch. Sie weinte und jammerte. Da schwamm die kleine Muschel zu ihrer Omamuschel und klagte ihr Leid. Die Omamuschel meinte ruhig: »Lass es in dir. Es gehört zu dir. Es tut dir weh. Ja. Doch du kannst es nicht loswerden. So lass es und umspüle es mit deinen Tränen.« Die Muschel tat das. Sie weinte viel, um dieses unangenehme, kantige, scharfe Ding. Dieses scharfe Ding setzte sich in ihr fest und wurde vom Salz des Meeres und ihren Tränen umspült. Jahre vergingen. Die kleine Muschel hatte sich an dieses Andere in sich gewöhnt, wollte es nicht mehr loswerden, manchmal stieß sie noch daran. Bis eines Tages eine andere Muschel zu ihr sagte: »Was glitzert denn da so hell in dir?« »Ich weiß nicht«, lächelte die junge Muschel, »es muss wohl das Andere in mir sein. Das, was ich nicht wahrhaben wollte.«[18]

Vor ein paar Jahrzehnten wurde das Meditieren oder Sitzen in der Stille von kritischen Beobachtern noch als »selbsterlösender Egotrip« abgeurteilt. Jahrelang Übende wissen, dass das immer wieder Zurückkehren auf das Sitzkissen ein Weg der Versöhnung mit sich, Gott und den anderen ist. Im Sitzen in der Stille entwickeln wir so etwas wie eine innere Beobachterin. Wir nehmen uns mit jedem Atemzug selbst wahr, wie wir gerade sind, ohne Urteil. Diese innere Beobachterin nimmt wahr, was hier mit mir gerade passiert?

»Ah, ich denke gerade, dass Meditieren langweilig ist. Ich spüre, mein Rücken schmerzt. Ich fühle die Trauer, über den frühen Tod meines Vaters.«

Die innere Beobachterin verhilft zu einer gelassenen Distanz zu all den Gedanken und Gefühlen, die während der Meditation hochsteigen. Manche Menschen neigen dazu, sich in ihren Gedankengängen und Gefühlsballungen zu verwickeln und zu verfangen. Hier entwirrt die innere Beobachterin, indem sie einfach Gefühle und Gedanken bewusst wahrnimmt, benennt und somit ein Stückweit entmachtet. Wo wir die Geister, die uns quälen, benennen können, können wir sie auch besser kontrollieren – anstatt sie uns. Gelassenheit mit sich selbst ist ein guter Nährboden für Freude am Leben. Diese frohe Gelassenheit können wir durch eine alltägliche Achtsamkeitspraxis kultivieren sowie durch Gewaltfreie Kommunikation mit ihrer Unterscheidung von Beobachtung, Gefühlen und Bedürfnissen stärken.

»Der kürzeste Weg zwischen zwei Menschen ist ein Lächeln.«[19]

Du denkst nur an dich
oder Von der Einsamkeit zu zweit

Ein Ehepaar teilt nun schon seit dreißig Jahren die eine Frühstückssemmel miteinander. Die Frau schneidet das Brötchen auf, gibt die knusprige, innen weiche obere Hälfte ihrem Mann, weil sie meint, die schmeckt ihm besser. Immerhin würde dieser Teil ja ihr besser schmecken. Für sich beschmiert sie die dünne untere Hälfte mit Butter und sehnt sich nach dem weichen Brotteig der oberen Hälfte. Der ältere Herr ist indes die knusprige Semmeloberhälfte schon lange leid. Lieber hätte er die dünnere Hälfte, von der er auch besser abbeißen könnte. Doch diese behält halt stets seine Frau für sich selbst.

»Er denkt auch immer nur an sich!«, mokiert sich die Frau in ihrem Inneren.

Sie ist frustriert, verärgert, meint sich beleidigt, da ja ihr Mann nie an sie und ihre Vorlieben denkt. Er könnte ja auch einmal die weiche obere Hälfte abgeben. Sie ihr einfach anbieten und fragen, ob sie sie vielleicht auch mal probieren möchte.

Ist es nur Wertschätzung, Be-Achtung oder Anerkennung, nach der sich diese Frau sehnt? Ist es nicht noch grundlegender die »Erlaubnis«, das Zugeständnis, eigene Bedürfnisse, Sehnsüchte, Wünsche zu haben?!

Das Paradoxe an diesem Beispiel ist, dass die Frau ihren Mann wie ein zu fütterndes Kleinkind behandelt und emotional selbst »am Hungertuch hängt«, unfähig für sich und ihre eigenen Bedürfnisse, um die sie sehr wohl weiß, aufzukommen. Emotional ist sie das Kleinkind, das sich nicht selbst versorgen kann, eigene Bedürfnisse nur körpersprachlich ausdrücken kann, und so auf die Einfühlung des Anderen angewiesen ist. Die Kunst des Gedankenlesens ist jedoch nicht weit verbreitet.

Wonach hungert es diese Frau? Oberflächlich betrachtet einfach an die Umkehrung ihres Vorwurfs: Ich möchte, dass er auch an mich denkt. Oder: Ich möchte, dass er so an mich denkt, wie ich es will. Ich will, dass er mir die leckere Hälfte der Semmel von sich aus gibt, als Zeichen, dass er an mich denkt. So wie ich ja an ihn denke, indem ich ihm die bessere Hälfte abgebe, obwohl ich sie lieber hätte.

Ein verzwicktes Beziehungsspiel, das von Projektionen und Selbstverleugnung gespeist wird. In ihrer Selbstverleugnung, indem sie sich nicht das zugesteht, was sie gerne hätte, hintergeht die Frau zugleich sich selbst und ihren Mann.

Ein klärendes Gespräch wäre hilfreich: Was ist mir

wichtig, was ist dir wichtig, und wie können wir mit den unterschiedlichen Bedürfnissen umgehen.

Den anderen zu schonen, indem wir Mitteilungen über uns zurückhalten, ist ein gängiger Weg, uns selbst vor Veränderungen oder erst mal Unangenehmem zu schützen. Ein klassischer Satz, bei dem wir uns selbst wie den anderen betrügen lautet:

> »Das kann ich dem anderen nicht zumuten!«

Was auch immer jetzt mit »das« gemeint sein mag. Die Frage der Giraffe an sich selbst wäre hier, welche eigenen Bedürfnisse erfülle ich, wenn ich mich dem anderen nicht zumute? Oft ist es das Bedürfnis nach Schutz, Bewahren des Bekannten.

Und welche eigenen Bedürfnisse erfülle ich, wenn ich mich dem anderen authentisch mitteile? Was passiert, wenn ich mir die leckere knusprige Hälfte ungeniert zugestehe – und der Partner nur die dünne Seite abbekommt?

Ich würde genießen und mich freuen und lieb zu mir selbst sein. Ich würde selbstverständlich für mich aufkommen. Ich wäre frei zu geben und zu nehmen. Ich wäre es mir selbst wert, mir und meinen Gelüsten Be-Achtung zu schenken.

Wo wir der Meinung sind, einem anderen etwas Bestimmtes nicht zumuten zu können, wäre die die Frage erhellend: Wovor will ich mich in dem Moment selbst schützen? Was könnte mit mir passieren, wenn ich dem anderen bestimmte unzumutbare Nachrichten – Dinge von mir – mitteile?

Den anderen schützen zu wollen, ist oftmals ein vorgeschobenes Argument, um selbst nicht verletzlich zu erscheinen. Denn wer für seine Bedürfnisse einsteht, ist sich seiner nicht nur selbst bewusst, er oder sie stellt sich als verletzbar dar. Wir zeigen etwas von uns. Wir offenbaren ein Stückweit unser Aufeinander-angewiesen-Sein.

Stehe ich dazu, dass mir die obere Semmelhälfte besser schmeckt, dann riskiere ich ja, dass mein Partner sie mir abschlagen könnte. Ich müsste in den Dialog treten, in die Begegnung. Ich dürfte den Mut finden, für mich einzustehen, vielleicht nicht nur einmal, vielmehr wiederholt, wie eine Platte mit Sprung, die immer wieder dieselbe Sequenz spielt.

Dieses Einstehen für sich selbst wäre bei dem Semmelbeispiel eine erlösende Mitteilung. Endlich kann auch der Mann zu seiner harten unteren Hälfte stehen. Wo wir freimütig für uns selbst sprechen, geschieht das immer auch in der Haltung, dass selbstverständlich auch der andere eigene Bedürfnisse hat, die wir uns anhören können, um dann eine Lösung zu finden, die uns beiden gut tut.

Doch woher nehmen wir den Mut, für uns selbst einzustehen, uns verletzlich zu zeigen? Worin gründet sich das Vertrauen, uns dem anderen wahrhaftig anzuvertrauen und womöglich eine Abfuhr zu bekommen?

Schmerzen, Konflikte und Veränderungen begleiten uns seit unserer Geburt. Auch Lichter in der Nacht, die uns wie Sternschnuppen innerlich berühren, zeugen von Vergänglichkeit und Zerstörung. Wirklichkeit in ihrem farbigen Spektrum annehmen zu können, bedeutet, in Liebe für einen selbst und den anderen zu wachsen.

Sich selbst lieben, sich selbst feiern und wertschätzen ist unser Geschenk an unsere Mitmenschen, denn wir befreien sie davon, dies für uns zu übernehmen.

> »Wenn er mich liebt, dann könnte er ja das für mich tun. Er könnte ja inzwischen wissen, dass das wichtig ist für mich.«

Wo ich mich liebe, zu mir »Amen« sage, da löse ich eine unbefriedigende emotionale Abhängigkeit von anderen. Eine gesunde Selbstliebe, die in einer umfassenden, grundlosen Liebe gründet, ist uns ein Schutzmantel, gibt uns Geborgenheit und die Freiheit, sich selbst mit einem Lächeln zu begegnen.

Unsere Bedürfnisse, Werte und Interessen sind nichts, wofür wir uns zu schämen hätten. Sie sind im Gegenteil ein Sack voller Geschenke und ermöglichen Dialog und Begegnung. Daher ist es wichtig, sie wertschätzend wahrzunehmen und nicht unter den Teppich zu kehren, denn sie bestimmen unser Handeln, ob als Wolf durch Forderungen oder als Giraffe durch Einladungen.

Betrachten wir den Vorwurf »Du denkst immer nur an Dich« aus der Perspektive der Gewaltfreien Kommunikation, so schreien hier die Bedürfnisse danach, wahrgenommen zu werden, nach aufrichtiger Verbindung miteinander, nach Wertschätzung und Fürsorge.

Es klingt jedoch noch eine viel tiefere Sehnsucht mit. Sich selbst wirksam zu erleben als ein geliebter Mensch mit selbstverständlichen Werten, Vorlieben und Bedürfnissen. Wir tun vieles, um geliebt zu werden. Mühen uns vielleicht dreißig Jahre ab und beschmieren doch immer wieder die falsche Brötchenhälfte.

Es gibt keinen Grund, dich oder mich zu lieben.

Dieses »ohne Warum« einer bedingungsfreien Liebe skizziert Angelus Silesius im Bild von der Rose:

»Die Ros' ist ohn' Warum,
sie blühet, weil sie blühet,
Sie acht't nicht ihrer selbst,
fragt nicht, ob man sie siehet.«[20]

Die Rose ist in ihrem Sosein, mit dem was und wie sie ist, selbstverständlich da. Keine Selbstzweifel nagen an ihr oder machen sie abhängig von der Anerkennung durch andere. Sie tut das, was ihrem Wesen entspricht und vergisst sich dabei und verschenkt den ihr eigenen Duft an die Welt.

Gesunde Selbstliebe befreit uns von der Sorge um uns selbst und lässt uns mit Hingabe leben.

Immer kritisierst du an mir herum

Es ist nicht unsere Aufgabe, es dem anderen recht zu machen. Es ist schade, wenn das Essen nicht schmeckt oder der Arbeitsauftrag des Chefs nicht seinen Vorstellungen entspricht, wenn der Lehrer nur nach Lehrplan unterrichtet, ohne auf die individuellen Interessen und Kompetenzen der Kinder einzugehen. Letzteres und vieles andere Kritikwürdige ist nicht nur schade, sondern mitunter schädigend verletzend oder gefährlich. Dennoch: Es ist nicht unsere Aufgabe, es dem anderen recht zu machen. Worum geht es dann? Bevor wir eine Antwort wagen, schauen wir uns diese Klage: »Immer kritisierst du an mir herum« aus der Perspektive der Empathie mit dem Sender (Sprecher) und mit dem Empfänger dieser Botschaft an.

Hören wir uns mit Giraffenohren diese Klage an, so können wir beim Sprecher Wut, Zorn, Enttäuschung, Verzweiflung, auch Ohnmacht auf der emotionalen Ebene hören. Auf welche Werte und Bedürfnisse weisen diese möglichen Gefühle hin?

Wolfshow mit Selbstempathie:

Immer kritisierst du an mir herum! Nie kann man es dir mal recht machen! Immer hast du was zu mäkeln! Dieses Herumkritisieren ärgert mich. Ich bin wütend, weil ich auch mal was gut machen will. Ich will, dass du auch siehst, wie ich mir Mühe gebe. Du siehst ja nur, was ich nicht mache und nicht, was ich alles gemacht habe!

Sag mir mal ganz genau, wo es deiner Meinung nach anders sein könnte. Ich überleg mir dann, ob ich bereit bin, mich auf Änderungsvorschläge einzulassen.

Also, worum geht es mir?

Ich brauche erst mal Anerkennung für das, was ich gemacht habe, ohne Beurteilung, will einfach mal wahrgenommen werden, so wie ich bin und mit dem, was ich mache. Zweitens: Dann und erst dann, bin ich bereit Kritik, zu hören. Mir ist schon wichtig, Klarheit darüber zu haben, wie etwas anders laufen könnte. Nur gib mir keine ungefragten Ratschläge. Frag mich, ob ich irgendwo Hilfe brauche, Unterstützung. Wenn du anderer Meinung bist, dann deklariere das auch als deine andere Meinung oder als deine Erwartung. Und nicht, dass ich etwas falsch gemacht habe, nur weil es deiner Erwartung nicht entspricht. Ich hätte gern die Unterscheidung, was dein ist und was meines. Unterschiede dürfen sein. Drittens, wenn Alternativen auf dem Tisch liegen, Unklarheiten geklärt, dann bestimme ich mit, wie wir das Gemeinsame neu regeln können. Ich möchte nicht einfach über den Tisch gezogen werden und deine Vorstellungen aufgedrückt bekommen. Ich habe meine Sichtweise, die wird mitberücksichtigt. Austeilen und Einstecken, Geben und Nehmen – so heißt unser Spiel. Mir ist Kooperation wichtig, und Ehrlichkeit.

So, jetzt schreib ich mir stichwortartig auf, was mir wichtig ist, und dann suche ich das Gespräch mit Dir.

Hier ist der Wunsch nach Anerkennung wichtig, so wie ich bin. Die Sehnsucht nach Wertschätzung für mein Bemühen, die Klarheit darüber, wo Anspruch und Wirklichkeit nicht übereinstimmen, also wo auf der Sachebene etwas anders aussehen oder geregelt werden könnte. In der Folge lässt sich dann die Frage klären, »wie« etwas anderes gemacht werden kann, und »Wer«, »Wann« und »Wo«.

Das Schmerzhafte an Kritik ist oft nicht die Sachebene, die lässt sich klären, auch der Appell mit der Frage, wer etwas verändert. Für viele ist Kritik deshalb so niederschmetternd, weil Kritik ihrem unstillbaren Bedürfnis nach Anerkennung entgegensteht und weil sie befürchten, die Wertschätzung verloren zu haben. Unsichere Personen vertragen keine Kritik, egal in welchem »Ton«, ob höflich oder barsch vorgetragen. Unsichere Personen, die von einer Anerkennung von außen in starkem Maße abhängig sind, schaffen oftmals die Unterscheidung zwischen der Kritik an ihren Handlungen und ihrer Person nicht. Uns angegriffen zu meinen, auch wenn jemand einfach seine Meinung sagt, ist Teil unserer Freiheit.

Wer kritikfähig sein will, darf sich selbst in einer fehlerfreundlichen Haltung üben. Leider fällt das gerade so manchem Pädagogen im Bildungsbereich besonders schwer. Da es das Wesen der pädagogischen Arbeit ist, sich immer weiterzuentwickeln, zu verändern, auszuprobieren, Skizze zu sein statt fertiges Gemälde, sind Erzieherinnen und Lehrer im besonderen Maße einer Kritik ausgesetzt.

Doch wagen Sie es ja nicht, die Professionalität eines Lehrers in Frage zu stellen! Das ist noch immer ein Sakrileg, immerhin haben Sie es vermutlich mit einem Beamten zu tun und würden damit den Staat, früher mal den Kaiser, kritisieren. Einem allwissenden, unfehlbaren Rollenverständnis entspricht es nicht, kritisiert zu werden. Eine fehlerfreundliche Haltung tut nicht nur Schülern gut,

auch so mancher Lehrer könnte entspannter und koope-
rativer arbeiten.

Wie können wir auf Kritik, sei sie gerechtfertigt oder
nicht, als Giraffe reagieren?

Schauen wir uns an, was dieser Vorwurf: »Immer kritisierst du an mir herum!«, der ja selbst Kritik ist, beim
Empfänger auslösen kann.

Wenn ich höre, dass du zu mir sagst, ich würde immer
an dir herumkritisieren, dann bin ich irritiert, denn was
heißt »immer«. Ich sehe sehr wohl auch, wenn mir etwas an Dir oder deinen Handlungen gefällt. Das »immer« hätte ich gern konkreter, sachbezogener. Dann
frage ich mich und dich, was ist Schlechtes an Kritik?
Mir ist wichtig, mit dir im Austausch zu sein, meine
Ideen einzubringen, zu verstehen, wie du etwas meinst
und wie ich bestimmte Dinge sehe. Wenn ich dich kritisiere, ist es meine Form, in Verbindung mit dir zu treten. Du und was du tust, ist mir wichtig. Deshalb sag
ich dir, wie ich darüber denke. Das mag manchmal
nicht mit deinen Anschauungen übereinstimmen. Dich
zu kritisieren, ist meine Form der Wertschätzung für
dich. Wenn ich dich mit meiner anderen Sicht der
Dinge nicht mehr behelligen würde, wärst du mir egal
oder unser gemeinsames Projekt. Mir ist wichtig, dass
ich frei meine Kritik äußern kann. Wenn ich befürchten
muss, dass der Inhalt oder mein »Tonfall« dich als Person so in Frage stellt, dass kein Dialog mehr möglich
ist, fühle ich mich ratlos. Also bitte ich dich, mir zu sagen, wie ich meine »Kritik« an dich bringen kann, damit es einen respektvollen Austausch zwischen uns ermöglicht, statt zu behindern. Darum geht es mir bei
meiner Kritik, sich mit dir zu verbinden und gemein-

sam nach Lösungen zu suchen. Und mir ist wichtig, dass wir in unserer Kritik auch emotional authentisch sein können. Wenn ich mir erst Gedanken machen muss, wie ich dir meine Vorschläge oder Bemerkungen unterbreiten muss, damit du es annehmen kannst, fühle ich mich gehemmt. Hier bitte ich dich um Vertrauen, dass meine heftigen Emotionen etwas über mich aussagen und nicht über dich. Mein Ärger gehört mir. Ich ärger mich, weil ich etwas anders brauche. Ich ärger mich nicht, weil du etwas anders machen musst.

Meine Kritik sagt in erster Linie etwas über mich und meine Wünsche aus. Sie ist eine Selbstaussage. Ich gebe etwas von mir und dem, was mir wichtig ist, preis. Das will ich zukünftig gern deutlicher ausdrücken.

Wenn wir Vorwürfe zu hören bekommen, ist es wichtig, erst mal tief auszuatmen und sich zu sammeln. Vorwurf ist eine Sprache mit einem Knoten in der Zunge. Der Sprecher tut so, als ob ich etwas falsch mache, in Wirklichkeit sagt er erst mal etwas über sich und seine Erwartungen aus. Bevor ich mich also rechtfertige oder erkläre, höre ich mir an, was mir mein Gegenüber Positives von sich mitzuteilen hat. Ich wandle seine Negativformulierungen in eine konstruktive, bedürfnisorientierte Sprache um.

»Du behandelst mich ungerecht!« bedeutet: »Ich möchte gerecht behandelt werden. Gerecht behandelt werden heißt bei mir Folgendes …«

»Du bevorzugst immer die anderen« bedeutet: »Ich möchte auch zeigen, was ich kann, …«

»Du arbeitest nicht genug« kann je nach Kontext bedeuten: »Ich will schnelle Fortschritte sehen. Mir ist Effizienz wichtig.«

Vorwürfe sind verdrehte Selbstaussagen, die es zu entschlüsseln gilt.

In der Bibel geben die Psalmen ein eindrückliches Beispiel, wie emotional heftig und umfassend wir Menschen Gott kritisieren und in Frage stellen dürfen. Für den Hebräer war der verzweifelte Schrei nach Gott Ausdruck tiefen Glaubens und seiner Verbundenheit.

»Mein Gott, mein Gott, warum hast du mich verlassen …!«, schreit Jesus am Kreuz.

Im Zweifel und in der Gottverlassenheit stellen wir unsere jeweiligen religiösen Vorstellungen in Frage. GottSelbst oder das, was mit dieser Buchstabenreihe bezeichnet werden will, entzieht sich jeder Bestimmung und somit Kritik. Auch im Zen sind »Großer Zweifel und Großer Glaube« geschwisterliche Haltungen. Mein tiefer Glaube an Sinn, mein Geborgensein in Gott, lässt mich zweifeln an mir, an dir, an allen wichtigen Werten, philosophischen Gebilden, an Gott. Die Hingabe in Gottes Wirklichkeit lässt ein In-Frage-Stellen zu. In der tiefen Kontemplation gehen wir durch diese Glaubenskrisen, durch Ängste, Verlassenheit, Einsamkeit. Gerade dieses Zulassen und Durchleiden von Zweifeln führt zur Enttäuschung von allem, wovon wir meinen, dass es wahr und richtig sei. In dieser Krise öffnet sich ein Spalt von Wirklichkeit, und wir erkennen, dass wir nichts wissen können und doch geborgen sind.

In meiner Kritik an anderen stelle ich immer auch mich selbst in Frage. Es ist die Einladung zu einer offenen, entdeckenden Geisteshaltung. Mir empathisch Kritik anzuhören, bedeutet nicht, dass ich mit dem anderen einer Meinung zu sein brauche. Empathisches Zuhören meint: Schweige und höre, was dir der andere von seiner Welt, von seinen Werten mitteilen möchte. Was ist ihm oder ihr wichtig. Stelle dich innerlich neben die Person und schaue für einen Moment in ihre Richtung, ohne Zustimmung ohne Ablehnung. Dann vergewissere dich, ob du ihn so verstanden hast, wie er verstanden werden möchte. Dann, frag ihn, ob er auch deine Perspektive, deine Werte und Meinungen hören möchte. So er ausreichend Empathie erfahren hat, wird er offen sein für deine Ansichten. Sollte er nicht offen sein, macht es keinen Sinn, sie ihm aufzudrängen. Dann braucht der andere einfach noch etwas Einfühlung in seiner Wirklichkeit, in das, was ihn bewegt. Erst, wenn dieser Wolfshunger wertschätzend gehört ist, wird er bereit und fähig sein, wirklich zu hören, was du ihm von dir mitteilen möchtest.

Dann sei ehrlich, sag, was dich bewegt, was dir wichtig ist. Hier auf dieser Ebene, der Ebene des Dialoges, meiner Werte und deiner Werte, könnt ihr euch begegnen, könnt euch durch das Wort erkennen, wahrnehmen. Was lebt in mir, was lebt in dir. Wo beides gehört, wahrgenommen, wertgeschätzt wird, könnt ihr nach gemeinsamen Lösungen suchen.

Lösungen sind da tragbar, wo sie positiv formuliert werden. Wo wir sagen, was wir wollen und brauchen.

Statt: »Spiel nicht auf der Straße!« sag lieber: »Komm, geh rechts von mir, da ist es sicherer.«

Statt: »Lass mir meine Ruhe!« sag lieber: »Ich möchte jetzt gern eine halbe Stunde in diesem Buch lesen. Dann bin ich wieder für dich und deine Fragen da.«

Statt: »Kannst du nicht höflicher sein!« sag lieber: »Ich möchte, dass du mich bittest, wenn du etwas von mir willst!«

Hören wir Kritik oder sprechen wir selbst Kritik aus, so ist es wichtig, aus dem Machtkampf, wer Recht hat und wer nicht, auszusteigen. Bleiben wir in dem Machtkampf

stecken, bei dem wir dem anderen unsere Meinung auf-
zwingen wollen, so verlieren wir beide. Der »Mächtigere«
verliert möglicherweise an Achtung und Respekt und bekommt dafür eine von Angst geprägte Beziehungsstruk-
tur. Der »Untergebene« verliert möglicherweise an Selbstachtung und erfährt vor allem keinen Erkenntnisgewinn,
weshalb eine andere Handlungsmöglichkeit besser wäre.

Mit Hilfe der Gewaltfreien Kommunikation können
wir die Geschenke, die von Vorwürfen ummantelt sind,
entdecken und klar zum Ausdruck bringen. Das ermöglicht Begegnung, einen klärenden Austausch. Kontempla-
tive Übungen zeigen uns die spirituelle Bedeutung von
Zweifel und von einem radikalen In-Frage-Stellen. Es ist
der Weg zu einem immer weiter reifenden und klärenden
Glauben, zu einer Hingabe und offenen, liebenden Geisteshaltung, die keine Scheu hat sich, Gott und Kirche in
Frage zu stellen.

Hör mir doch bitte einfach nur zu

Manchmal brauchen wir einfach nur einen Zuhörer. Einer, der horcht auf das, was aus uns heraus möchte, das
ausgesprochen sein möchte, gehört werden möchte. Einer
der aufhorcht auf das, was wir mitteilen, von dem wir
vielleicht selbst keine Ahnung haben. Was sage ich da eigentlich? Wo wir aufmerksam zuhören, schenken wir
dem anderen unsere Präsenz. Wir sind achtsamer Reso-
nanzkörper für das, was sich in ihm oder ihr klären
möchte. Achtsame Aufhorcher oder Zuhörer verschonen
uns mit ungefragten Ratschlägen. Sie schenken uns ihr
hörendes Herz. Sie verschonen uns auch mit ihrer Meinung über das, was wir von uns erzählt haben. Außer wir
fragen ausdrücklich danach.

Es ist völlig belanglos, ob der Zuhörer, mit dem Gehörten übereinstimmt. Er oder sie darf etwaige ähnliche Erfahrungen bei sich behalten.

> »Mein Vater ist gestorben. Ich wollte ihm noch so viel sagen.«
>   »Ja, so ging mir das auch, als mein Opa starb. Gern hätte ich noch dieses und jenes mit ihm gemacht.«

Wer uns beim Zuhören seine Einfühlung schenkt, zieht die Aufmerksamkeit nicht auf sich, indem er Ereignisse aus seinem Leben zum besseren Verständnis beisteuert. Empathisches Zuhören ist wie das Segeln auf den Wellen, auf der Wellenlänge des anderen. Gutgemeinte Störmeldungen, Anregungen haben hier erst mal keinen Platz.

Einfühlsames Zuhören braucht einen ruhigen Atem, wo sich der Zuhörer selbst in sich zentrieren kann. Aus dieser inneren Mitte können wir dem anderen Beachtung schenken, den Raum zur Selbstwahrnehmung und Reflexion.

> »Kann ich noch etwas für dich tun?«, fragt die Mutter das kranke Kind.
> »Bleib bei mir«, bittet das Kind.

Das größte Geschenk, das wir einem anderen machen können, ist unsere Präsenz, unsere volle Gegenwart. Empathie braucht nicht viele Worte.

Wenn Ihnen in einer traurigen Situation nichts Tröstliches einfällt, dann halten Sie einfach den Mund und atmen Sie ein- und aus. Seien Sie mit ihrer ganzen liebenden Aufmerksamkeit bei dem Trauernden. Wo wir dem anderen unsere Aufmerksamkeit schenken, wird er stark. Kann sich selbst wieder wahrnehmen und was in ihm ist, statt auf uns reagieren zu müssen.

Was soll aus dem Jungen bloß werden?

Wenn wir Lehrer fragen, was sie sich von den Eltern ihrer Schüler wünschen, dann bekommen wir oft zu hören: »Kümmert euch um eure Kinder!« und »Setzt sie nicht so unter Druck!« Der schulische Druck, dem Kinder ausgesetzt sind, wird zu Hause oft noch durch den familiären Erwartungsdruck der Eltern verstärkt. Die Ängste und Sorgen von Müttern und Vätern, nicht nur des Bildungsbürgertums, erschweren Kindern zusätzlich, in ihrem Rhythmus zu lernen und sich zu bilden.

Die Frage, was aus dem Mädchen oder Jungen bloß werden soll, verursacht in unserem Wohlfahrtsstaat viel Leid auf dem Weg des Erwachsenwerdens.

Welche Gefühle und Bedürfnisse sind der Nährboden für diese »seufzende Frage«?

Wer so denkt, den plagt eine Reihe von verängstigenden Gedanken. Diese verbalisierten Ängste sind sekundär, auch wenn sie eine große Wirkung auf einen Selbst und auf Kinder haben.

Wir möchten uns die Gefühle anschauen, die ursächlich sind oder »unter« diesen Versagensängsten liegen. Eltern, die sich um ihre Kinder und deren schulische oder berufliche Laufbahn sorgen, lieben ihre Kinder. Diese Liebe ist, um es bildhaft auszudrücken, auf dem Weg vom Herzen in die Hände in einem Wirrwarr an Möglichkeiten stecken geblieben. Diese Liebe und Wertschätzung der Eltern für ihre Kinder, dass es ihnen gut geht, wurde ein Stückweit verdreht. Aus Liebe wurde Angst. Aus der Giraffe des Herzens wurde der verängstigte Wolf unserer Gedanken. Liebe schenkt Vertrauen und eröffnet Perspektiven. Angst erzeugt Enge, und wo wir uns in die Enge getrieben meinen, entsteht Druck. Hier liegt das Dilemma, statt dem liebenden Blick der Eltern, der verlässlichen Bindung und

Beziehung zwischen Kind und Eltern, herrscht Misstrauen. Der misstrauische Blick über die Schulter des Kindes. Macht es die Hausaufgaben ordentlich? Das Misstrauen in Lehrer und in das Schulsystem. Wird es mein Kind in diesem Schulsystem schaffen? Weshalb ist mein Kind nicht so gut wie andere? Andere können das ja auch. Es sind alles quälende Gedanken, die die ursächliche Liebe und das Vertrauen korrumpiert haben.

Mache ich mir Sorgen um mein Kind, dann ist es wichtig, die Liebe, die hinter der Sorge steckt, zu nähren und nicht die Angst zu verstärken. Letzteres führt zu Blockaden bei mir und beim Kind. Hirnforscher bestätigen heute, wofür Reformpädagogen bereits vor vierzig und mehr Jahren kämpften, Kinder brauchen ein angstfreies, entwicklungsförderndes Milieu. Sichere und verlässliche Beziehungserfahrungen sind der fruchtbare Boden für gelingende Bildungsprozesse.

Wie können wir diese Liebe zu unseren Kindern nähren? Während des Studiums hörte ich einmal eine alte Schallplattenaufnahme einer Predigt des reformierten Theologen Karl Barth. Er predigte über Johannes 1: Gott ist die Liebe. Er sprach davon, dass es im Hause Gottes eine Hausordnung gibt. Diese Hausordnung lautet: Liebe. Und die Liebe ist ohne Angst. Also gibt es im Hause Gottes keine Angst, nur Liebe. Wir wohnen in diesem Haus der Liebe. Wir sind eingeladen, da zu leben, zu wachsen. Eine Liebe ohne Angst, das brauchen Kinder, damit sie sich selbst in Auseinandersetzung mit der Welt bilden können.

Bildung braucht diesen angstfreien Raum, der zum freimütigen Entdecken, Forschen und Fehlermachen einlädt.

Lernwege verlaufen nicht linear als Steilkurve nach oben.

Kinder machen auf ihren Lernwegen Pausen, Sicherheitsschlaufen, hängen durch und entwickeln sich explosionsartig, verharren auf einer Ebene, sacken ab und steigen wieder auf. Kinder brauchen unser Vertrauen und eine dialogfähige Begleitung auf diesem Lernweg mit seinen unterschiedlichen Phasen.

Wie können wir Eltern diese Liebe und das Vertrauen in unsere Kinder nähren? Wir üben uns in der Gabe der Beobachtung, der urteilsfreien Wahrnehmung. Wir gehen auf Entdeckungsreise mit unseren Kindern. Wie lernen sie? Ist es eher ein Kind, das nachahmend lernt? Etwas wird vorgemacht, klare Aufgabenschritte werden vorgezeigt, die genauso eingehalten werden sollen oder müssen, um zum gewünschten Ergebnis zu kommen? Ist es eher ein experimentierfreudiges Kind, das eigene Lernwege entdeckt und gestaltet, Umwege einschlägt und Ergebnisse erzielt, die sowohl erwünscht wie unerwartet sind?

Bei einem Bildungsprozess darf nie nur das »Ergebnis«, die »richtige Antwort« zählen. Viel spannender und wesentlicher ist die Frage, kann das Kind sich selbst erklären, wie es dahin gelangt ist? Bildung ist immer Prozess. Lernwege in diesem Bildungsprozess verlaufen individuell, auch wenn Lehrer damit überfordert sind.

Damit aus dem Jungen oder dem Mädchen, »etwas« wird, ist es wichtig, dass wir Eltern uns und den Kindern das Scheitern und Fehlermachen erlauben. Aus diesem Loslassen einer perfektionistischen Haltung wächst der Nährboden für gelingende Bildungsprozesse.

Mach mir nicht so viel Druck, sagen mir deine Augen.
Lass mich wachsen und schenk mir Zuversicht, fleht
dein Herz.
Schau was ich alles kann, zeigen mir deine Hände.
Ich geh meinen Weg, zeigen mir deine Füße.

Schrei mich nicht so an

> »Wenn meine Kinder laut sind oder nicht das tun, was ich ihnen sage, dann schreie ich sie an.«

Diese Aussage eines Elternteils ist ein typischer Wolfssatz, bei dem hier der Erwachsene die Verantwortung für sein Handeln abschiebt auf einen anderen, hier auf Kinder. Der Umkehrschluss würde lauten: »Wenn Kinder genau das machen oder sich so verhalten, wie ich es möchte, dann bin ich nett zu ihnen oder gehe respektvoll mit ihnen um.«

Auch hierbei würde sich der Erwachsene in seinem Verhalten vom Betragen der Kinder abhängig machen.

Wie kann es einem Elternteil gehen, wenn er oder sie trotz Familienratgeber und besseres Wissen Kinder anschreit?

> »Wenn ich meine Kinder anschreie, dann fühle ich mich in dem Moment hilflos, ohnmächtig. Ich weiß dann nicht mehr, was ich tun soll. Ich bin dann mit den Nerven fertig. Natürlich will ich sie nicht anschreien, aber lieber brüllen als schlagen. Ich habe davor vernünftig mit ihnen geredet, doch sie hören nicht. Irgendwie erkennen sie meine Signale nicht, die ich sende. Und irgendwann reißt mir die Geduld und ich brülle sie an. Dann haben sie Angst, sind verschreckt, doch auf einmal tun sie das, was ich von ihnen will. Ich finde es selbst schade, dass es nur so läuft, aber so läuft es.«

Eltern schreien ihre Kinder an, nicht, weil diese frech, laut oder anders störend waren, vielmehr, weil diese Erwachsenen in konkreten Situationen keinen anderen Weg mehr erkennen. Sie sind ratlos, hilflos und brauchen daher

Unterstützung. Sich diese Hilflosigkeit einzugestehen, ist ein wichtiger Schritt auf dem Weg, Verantwortung für sein eigenes Handeln zu übernehmen.

Wo wir als Eltern an unserem Verhalten Kindern gegenüber leiden oder gegen unsere eigenen Werte handeln, gilt es, sich die eigene Ohnmacht und Unzulänglichkeit einzugestehen und von da aus neue Handlungsmöglichkeiten zu erproben.

> »Irgendwie erkennen sie nicht meine Signale, die ich sende.«

Wenn wir auf die Toilette müssen, um Druck abzulassen, so können wir eine Zeitlang den Druck erst noch in uns aufstauen. Die Sensibilität für den Druck auf der Blase steigt mit zunehmendem Alter. Im Laufe des Lebens lernen wir immer wieder, wie lange wir es noch »aushalten können«. Kinder zappeln schon eine ganze Weile herum, doch wenn Eltern sie dann fragen, ob sie auf die Toilette müssen, verneinen sie. Bis – für sie – wie aus heiterem Himmel, schnell und sofort Entlastung geschehen muss. Haben sie den ansteigenden Druck davor nicht wahrgenommen oder konnten sie ihn nicht einer bestimmten Funktion zuschreiben?

Der Druck oder das Signal musste anscheinend sehr stark sein, damit auf ihn gehört und entsprechend gehandelt wurde.

Uns stellt sich die Frage, wie viel Druck brauchen wir, damit wir entlastende Handlungen setzen und wann geben wir Signale in stressigen Situationen, dass »es« zu viel für uns ist? In welchem Stadium zeigen wir an, dass wir eine Verhaltensänderung brauchen, bei uns oder bei anderen?

Bei Seminaren üben wir manchmal das »Stopp« sagen, mimisch mit Handzeichen, verbal mit den ganzen Körper.

Wir üben uns auch darin, Stoppzeichen wahrzunehmen und sie einzuhalten. Es ist eine einfache Übung, die sich sowohl für Kinder, wie für Männer und Frauen gut eignet, um Körperwahrnehmungen in zeitlich stimmige Handlungen umzusetzen und unsere Grenzlinien deutlich anzuzeigen. Die Teilnehmenden stehen sich in einer Gasse mit fünf bis zehn Metern Abstand gegenüber. Die eine Reihe bleibt stehen, die andere Reihe darf sich auf ein Zeichen im selbst gewählten Tempo auf ihr jeweiliges Gegenüber zubewegen, bis das Gegenüber körpersprachlich oder verbal deutlich zu verstehen gibt, dass nicht mehr Nähe gewünscht ist. Bei dieser Übung können wir die Annäherungsgeschwindigkeit variieren. Wenn jemand schnell auf mich zustürmt, sage ich dann noch rechtzeitig halt? Lasse ich mich überrennen, oder weiche ich aus, stoße ich den anderen zurück? Welche verschiedenen Möglichkeiten habe ich, um auf »Grenzüberschreitungen« zu reagieren. Gebe ich »zu früh« Stoppsignale? Wenn ich Signale setze, stimmen dann mein Gesichtsausdruck, Blickkontakt und mein sonstiger Körperausdruck überein, oder schicke ich ambivalente Signale: »Ja, bleib stehen, aber eigentlich könntest du noch etwas näher kommen.«

Gerade im Zusammenleben und Wachsen mit Kindern ist es wichtig, dass Eltern sich darin üben, ihre Grenzen, ihre Belastungsgrenzen oder Toleranzgrenzen den Kindern gegenüber eigenverantwortlich und eindeutig auszudrücken. Kinder kennen keine Grenzen. Kinder entwickeln und entdecken erst ihre Grenzen und die von anderen Mitspielern ihrer Welt. Auch Eltern entwickeln oftmals erst im Laufe des Elternseins ihre Belastungsgrenzen und deren verschiedene Ausdrucksmöglichkeiten. Zwischen Schreien und Nicht-Schreien gibt es ein reiches Spektrum an Ausdrucksmöglichkeiten, wie Eltern für ihre Belastungskapazitäten aufkommen können.

»Wie kann ich erkennbare Signale rechtzeitig setzen?

Ich achte schon auf kleine Zeichen in mir, wenn ich mich gestört fühle, und teile das den Kindern mit. Ich könnte einen Vulkan zeichnen und immer auf bestimmte Linien zeigen, wie weit das Magma gerade in mir hochgestiegen ist, und wie viel »Spielraum« noch ist, bevor es zur Explosion kommt. Das ist auch für mich gut, ein äußerliches Zeichen zu haben, um meine Gefühlswallungen unter Kontrolle zu haben. Solange mein Ärger im unteren Erdbereich ist, kann ich noch freundlich und ruhig mit ihnen reden, je höher der Magnastrom steigt, desto schwieriger ist es für mich.

Wenn ich spüre, dass der Druck in mir steigt und sie nicht auf meine Signale hören, dann verlasse ich das Zimmer, setze mich aufs Klo und atme bewusst solange, bis ich mich wieder beruhigt habe.

Ich frage sie, welche Vorschläge sie haben, wie wir das mit dem Aufräumen ihrer Zimmer machen können.

Ich frage sie, was sie statt Anschreien wollen.

Ich habe mit meinem Partner vereinbart, dass wir jeweils eingreifen und die Situation übernehmen, wenn wir merken, dass es für den einen von uns zu viel ist. Es ist dann ein fliegender Wechsel, und der jeweils andere kann sich kurz eine Auszeit nehmen. Das geht natürlich nur, wenn wir beide anwesend sind.«

Unser Handlungsspielraum im Zusammenleben mit andern steigt, wo wir Erwachsene Eigenverantwortung für unsere Gefühle und Bedürfnisse übernehmen und mit Kindern in Dialog gehen.

Kind: »Schrei mich nicht so an.«

Elternteil: »Ich will dich auch nicht anschreien, aber ich weiß mir keinen Rat mehr, was ich tun soll oder wie, damit du jetzt dein Zimmer aufräumst.«

Kind: »Du kannst einfach ruhig mit mir reden.«

Elternteil: »Du willst, dass wir das ruhig miteinander klären können. Das will ich auch gern. Ich habe dir die letzten zwei Tage immer wieder ruhig gesagt, dass du dein Zimmer aufräumen sollst. Hast du noch eine Idee, was ich statt Schreien machen kann?«

Kind: »Du könntest sagen, »das war die letzte Warnung. Gleich schreie ich.«

Elternteil: »Gut. Nur mache ich das auch oft – und es hilft nichts.«

Kind: »Du könntest sagen, dass du mir beim Aufräumen hilfst.«

Elternteil: »Brauchst du beim Aufräumen meine Hilfe?«

Kind: »Damit es schneller geht. Außerdem willst du ja, dass mein Zimmer aufgeräumt ist.«

Elternteil: »Ja, für mich ist es wichtig, dass dein Zimmer einmal in der Woche so sauber ist, dass wir Staubsaugen können. Ist es für dich nicht wichtig, dass dein Zimmer aufgeräumt ist?«

Kind: »Nicht so. Ich finde meine Wege dadurch.«

Elternteil: »Mir fällt auf, dass, wenn dein Zimmer aufgeräumt ist, der Boden also wieder begehbar ist, du mit neuer Freude zu Spielen anfängst und Sachen aufbaust.«

Kind: »Ja, das stimmt. Das ist schön, wenn das Zimmer dann wieder leerer ist.«

Elternteil: »Also ist es doch auch schön für dich, wenn dein Zimmer aufgeräumt ist.«

> Kind: »Ja, aber du sollst mir dabei helfen.«
> Elternteil: »Dazu habe ich nicht immer Lust.«
> Kind: »Ich auch nicht ... Wenn du mir hilfst, könnte ich dir ja auch bei etwas anderem helfen.«
> Eltern: »Das ist gut. Ein Tauschgeschäft.«

Gleichwürdige Dialoge mit Kindern zu führen, ist eine immer wiederkehrende Herausforderung, vor allem dann, wenn Eltern etwas von ihren Kindern wollen, was diese vielleicht nicht wollen. Hier ist es ein wichtiger Prozess, sich als Elternteil klar zu werden, welche Bedürfnisse erfülle ich mir dadurch, dass ich möchte, dass meine Kinder ihr Zimmer aufräumen, gute Schulerfolge haben, viele Freunde um sich versammeln und so weiter. Diese Ehrlichkeit sich selbst gegenüber, kann mich dabei unterstützen, Kindern immer mehr ihrer selbst gewählten Verantwortung zu überlassen. Wo wir als Erwachsene mit Kindern selber wachsen wollen, üben wir uns in der Balance von Lassen und Halten, es ist ein täglich neues Ausbalancieren. Dabei ist es wichtig, dass ich Kindern den Respekt oder die Würde entgegenbringe, die ich mir auch von ihnen wünsche.

In der Religion des Alten Rom waren Opfergaben zur günstigen Beeinflussung der Götter üblich. Diese Vorstellung, dass wir Gott (oder andere Menschen) beeinflussen können, beruht unter anderem auf zwei grundlegenden Bedürfnissen, sich selbst wirksam zu erfahren und selbst- oder mitbestimmen zu können. Gerade für Kinder und Jugendliche sind Erfahrungen von Selbstwirksamkeit und Selbstbestimmung wesentlich für ihre Entwicklungsprozesse im sozialen wie kognitiven Bereich. Da wir unser Ich in der Auseinandersetzung mit einem Du gestalten, brauchen Kinder, um sich selbst wirksam erleben zu können, einen anderen Menschen, der sie konfrontieren kann. Die alten Römer wollten ja auch »Götter« beeinflussen, nicht irgendwelche marginalen Kräfte oder Gartenzwerge.

Zur Entwicklung von sozialen Werten, im weiteren Sinne von Identität, brauchen Kinder neben dem Gerangel in ihren jeweiligen Peergroups (Gruppen der Gleichaltrigen oder Gesinnungsgenossen) die Auseinandersetzung und Orientierung mit und an Erwachsenen. Kinder fordern Konfrontationen mit Erwachsenen ein, da sie durch die Erfahrung mit »Grenzen«, sich selbst wahrnehmen und reflektieren können. Dazu braucht es allerdings Erwachsene, die Kindern gelassen »die Stirn« (frons, lat.) bieten können.

Im alltäglichen Leben ist es das Spiel von »Geben und Nehmen« oder wie es Heranwachsende manchmal ausdrücken: »Was hab` ich davon? Was krieg` ich dafür?«

Selbstloses Handeln ist ein teures Gut und wird in vielen Religionen hochgeschätzt. Damit ein Mensch selbstlos Handeln kann, darf er oder sie erst mal ein »Selbst« im Sinne eines »Ich«, einer Identität mit Werten und geprägt durch Erfahrungen aufbauen. Natürlich wäre es sehr angenehm, mit Kindern zu leben, die selbstlos und »freiwillig« das tun, was wir von ihnen wollen. Zu einer gesunden Persönlichkeitsentwicklung brauchen wir jedoch den Erfahrungsraum für Eigensinn, Widerwilligkeit und Auflehnung. Nur wo wir die Grenzen unseres Ich-Seins erfahren können, kann sich eine von Herzen kommende Freigiebigkeit bilden.

Giraffen setzen auf die Freiwilligkeit, auf die Selbstbestimmung beim Geben oder Tun. Wir tun gerne etwas für andere, so wir es selbst bestimmen können, ohne Druck, ohne Angst. Kinder tun sehr viel für ihre Eltern aus Liebe und aus Angst vor Liebesentzug. Wenn Kinder »Nein« sagen oder ein »Nein« ausdrücken, ist es daher umso wichtiger, ein Gespür dafür zu bekommen, welche lebensbejahenden Bedürfnisse hinter diesem »Nein« stecken. Bei dem oben genannten Beispiel ist es relativ einfach. Die Menge an Chaos im Kinderzimmer ist zu groß als dass es das Kind aus seiner Perspektive schaffen kann oder bewältigen möchte. Es braucht Unterstützung. Hier ist es ein Geben und Nehmen.

So wie man früher meinte, durch bestimmte Askese oder Opferleistungen, Götter günstig zu stimmen, so vertreten auch manche Kinder eine solche Logik.

> »Wenn ich mein Zimmer aufräume, darf ich dann heute ins Kino?«

Diese Ethik von »eine Hand wäscht die andere« ist ein Schritt in ihrer moralischen Entwicklung. Doch wie Jupiter und Juno vom Thron gestürzt wurden, so können auch Kinder ein ethisches Denken und Handeln entwickeln, wo sie in Freiheit gerne abgeben, oder etwas auch mal ohne Gegenleistung für andere tun, einfach weil wir uns im Geben selbst beschenken.

Wie schaut es denn hier schon wieder aus?

Ordnung halten, Sauber machen, Putzen, Müll entsorgen, das Kinderzimmer aufräumen ist in einer Familie und in anderen Lebens- und Wohngemeinschaften gern ein immer wiederkehrender Auslöser für Unstimmigkeiten und Streitereien. Die Urteile, welche Zustände in einer Küche, in Wohn- oder Büroräumen, geschweige denn in Kinderzimmern noch als ordentlich anzusehen sind oder bereits einem Chaos zuzurechnen sind, entbehren jeder nachvollziehbaren Objektivität.

»Wie schaut es hier denn schon wieder aus?« aus dem Mund des nach getaner Arbeit heimkehrenden Elternteils ist kein Türöffner, um einen entspannten Feierabend zu genießen. Das »denn schon wieder« ist eine Verallgemeinerung, die allein schon zu Protest einlädt. Es sind drei Worte, die Ausdruck einer Erschöpfung, vielleicht auch Ratlosigkeit, Ohnmacht, vor allem aber einer Sehnsucht nach Hilfe, Unterstützung, vielleicht Ruhe, Geborgenheit, einem ruhigen Ankommen und Dasein sind.

»Wenn ich nach Hause komme und sehe, wie eure Kleider am Boden zerstreut sind, das Geschirr vom Mittagessen noch in der Küche herumsteht, Hausaufgabenhefte in der Ecke herumliegen, dann werde ich ratlos und wütend, weil ich nach getaner Abend keinen Bock habe, um jetzt zu Hause auch erst noch für Ordnung zu sorgen. Ich will nach Hause kommen und mich erholen können, ankommen, ablegen, was mich tagsüber beschäftigt oder belastet hat. Ich brauche dann einige Zeit für mich selbst, um mich wieder spüren zu können, aus der Rolle des Arbeitsmenschen auszusteigen und einfach »ich« sein. Ich hätte gern ein Zuhause, dass mich empfängt und dass ich nicht erst gemütlich und angenehm gestalten muss. Es muss doch möglich sein, dass ihr eure Sachen alleine wegräumt.«

»Du hast gut reden! Du kommst nach Hause und willst ein gemachtes Nest vorfinden. Wir wohnen, arbeiten und leben hier. Das ist kein Museum. Hier wird gespielt, gekocht, gearbeitet, gelernt. Kinder gehen ein und aus. Dein Arbeitstag hat acht Stunden. Meiner hat sechzehn. Glaubst du, ich freue mich auf dich, wenn ich jeden Abend damit rechnen muss, dass du erst einmal unzufrieden über uns bist. Kommst nach Hause und meckerst. Da soll ich dich willkommen heißen. Ich will auch wahrgenommen werden durch dich, wenn wir uns abends wiedersehen. Stattdessen verziehst du dich in dein Büro oder fängst an, Wäsche zu waschen, Müllsäcke rauszubringen und meine Haushaltsführung zu kommentieren. Darauf kann ich verzichten.«

Was brauchen diese Personen? Atempausen, um sich selbst und den anderen wahrzunehmen. Ein Begrüßungsritual, das Ankommen ermöglicht und Empfangen. Eine Entschleunigung im Beziehungsgeschehen. Es gibt dich und es gibt mich. Wir nehmen einander wahr nach einer Zeit der Trennung. Tiere machen das instinktiv. Hunde beschnüffeln sich. Katzen beäugen sich. Menschen neigen manchmal dazu, sich eher aus dem Weg zu gehen, statt kurz den Beziehungsstatus abzuklären.

Die Basis jeder haushaltlichen Ordnung ist die Beziehungsqualität, nicht das Kleidungsstück, das herumliegt. Unordnung im familiären Haushalt oder in einer Wohngemeinschaft ist keine Krankheit, sondern eine Tatsache. Die Frage ist, wie gehen wir mit dieser immer wiederkehrenden Tatsache um? Daran zeigt sich, auf welche Bedürfnisse der jeweilige Ordnungssinn hinweist.

Im oben zitierten Fall verweist die Klage: »Wie schaut es denn hier schon wieder aus!« auf die Bedürfnisse nach Ruhe, Wahrgenommen werden und Entspannung.

Welche Bedeutung hat für uns Ordnung?

Hausfrau, 39: »Wenn ich sehe, dass die Kinder ihre Kleider wieder in ihre Schränke zurückräumen, ist das ein Zeichen von Respekt für mich. Ich bin zur Zeit hier hauptsächlich für den Haushalt und die Sauberkeit zuständig, wenn sie mithelfen, heißt das für mich, sie respektieren und wertschätzen mich für das, was ich für uns alle mache.«

Hier würde das Ordnung halten der Kinder für die Mutter ein Zeichen von Respekt und Wertschätzung sein.

Mann, 48: »Wenn ich nach Hause komme und sehe, alles ist in Ordnung, also nichts liegt herum, sondern alles ist auf seinem Platz, dann fühlt sich das gut an.

Gut im Sinne von: ich bin erleichtert, denn wenn alles seine Ordnung hat, dann bin ich ja auch willkommen. Dann habe ich ja auch meinen Platz. Das klingt vielleicht seltsam. Doch wenn die Zimmer aufgeräumt, und einfach alles auf seinem Platz ist, dann habe ich das Gefühl, da sein zu dürfen. Ja, dass es einen Platz für mich gibt, nämlich meinen Platz. Ich komme nach Hause und habe meinen Platz. Das fühlt sich gut an, geborgen, geliebt, warm. Das macht mich glücklich. Ich muss mir nicht erst meinen Platz schaffen, erkämpfen, einräumen. Ich kann einfach da sein, diese Sicherheit gibt mir Ordnung.

Die Klarheit ist da, ich bin willkommen.«

Die Ordnung im Äußeren hat hier eine ganz klare – eine klärende und Sicherheit gebende Funktion für die Selbstwahrnehmung dieser Person.

Äußerliche Ordnung, wo alles auf seinem Platz ist, hat eine Wirkung auf unsere psychische Befindlichkeit. Doch Ordnung hat auch eine spirituelle und kosmische Dimension.

In der griechischen Mythologie ist Kosmos der Schmuckstein. Dem Chaos der Unterwelt steht die wohlgefällige Ordnung des Kosmos gegenüber. In der biblischen Tradition finden wir den heilsamen Zuspruch. Gott ist nicht ein Gott der Ordnung, vielmehr ein Gott der Liebe.

Die Liebe lässt alles auf seinem rechten Platz erscheinen. Die Liebe ordnet, und Liebesbeziehungen haben ihre Ordnungen, wie wir bei der Aufstellungsarbeit mit Familien und Paaren immer wieder erkennen können.

Die grundlegende oder spirituelle Frage im Kontext der Ordnung ist, wo ist mein Platz? Wo ist meine Heimat?

Auch Buddha wurde diese Frage gestellt. Von Mara, dem Versucher.

>Als Mara den Buddha versuchte und ihm erzählte, dass er auf diesem Stück Erde nicht sitzen könne, weil es ihm (Mara) gehöre, zeigte der Buddha mit seiner rechten Hand auf die Erde und rief die Erde zum Zeugnis an. Dass sie dem Buddha gehöre, und nicht Mara.«[21]

Es sind tiefe Ängste, wenn wir meinen, nicht hierher zu gehören. Tiefe Ängste und eine tiefe Sehnsucht, Heimat zu finden, nach Hause zu kommen. In sich selbst nach Hause zu kommen. Aufzuräumen im eigenen Inneren, aufgeräumt sein.

In der Zen-Tradition erzählen die Ochsenbilder von der spirituellen Suche und Heimkehr eines Menschen. Der Reigen beginnt mit der Darstellung eines Hirtenjungen, der sich auf die Suche nach seinem Ochsen, seinem wahren Selbst, macht. Diese Sehnsucht führt ihn ins Dickicht, in tiefe Wälder und Schluchten. Er erkennt Spuren, erblickt auch mal das Hinterteil des Ochsen. Doch es ist mühsam, ihn zu fangen, und noch mühsamer, ihn zu zähmen. Diesen ersten Teil eines spirituellen Übungsweges bezieht sich auf das Erwachen der Sehnsucht nach der Buddhanatur in uns, nach dem, was oder wer wir wirklich sind. Der lebenslange spirituelle Prozess der Integration und Transformation, also das Erwachen der Buddha-Natur in unserem alltäglichen Leben, wird durch die Heimkehr des Flöte spielenden Hirten auf dem Rücken des Ochsen, dem leeren Kreis als Symbol des Sterben des »Ich« und seine Rückkehr in den Trubel des Marktes dargestellt.

Mit entblößten Oberkörper, breit lachend, eine Angelrute über die Schulter geworfen, von der gerade gefangene Fische baumeln, spaziert er über den Marktplatz. Buddha mitten im Alltag, nichts Außergewöhnliches. Buddhanatur ist inmitten von Fischgestank verwirklicht.

Im Alltag streiten wir über die herumliegenden Kleidungsstücke am Boden, die falsch ausgedrückten Zahnpastatuben, die Haare im Bad. Es ist die Ebene der haushaltlichen Ordnung, wo alles seinen Platz braucht. Wie auch wir in unserem Leben unseren stimmigen Platz brauchen, da wo es uns gut geht. Ein Platz, den uns niemand streitig machen kann.

»Buddha im Alltag«[22]

Du hast nie Zeit für mich

Wer kennt ihn nicht diesen Vorwurf: »Du hast nie Zeit für mich«, ob er jetzt vom Lebenspartner kommt, aus dem Mund der Kinder, von Freunden oder von mehr oder weniger gelittenen Verwandten.

Im ersten Schritt schauen wir uns an, was dieser Satz bei dem, der ihn ausspricht oder denkt für Ursachen haben kann.

Welche Gefühle und Bedürfnisse können sich mit diesem Satz ummanteln?

Wer so denkt oder spricht, ist wahrscheinlich verärgert, wütend, vielleicht auch frustriert, möglicherweise verunsichert, in einer Weise unbefriedigt, leer. Diese Person spürt ein Drängen, eine Sehnsucht in sich.

Eine Sehnsucht wonach?

Nach gemeinsam verbrachter Zeit.

> Selbsteinfühlung: Du hast nie Zeit für mich! oder
> Ich bin traurig, wütend, verärgert, weil mir Gemeinschaft wichtig, weil ich mich austauschen möchte, mich selbst spüren möchte im Dialog, in der Gemeinsamkeit mit dem anderen. Ich möchte das Leben genießen, mich freuen. Ich will am Leben teilhaben.

Selbstverständlich kommt es immer auf den konkreten Kontext an, in dem einem dieser verkappte Wunsch über die Lippen kommt.

Die möglichen Gefühle und die Nennung von »Zeit« weisen darauf hin, dass das Bedürfnis nach Gemeinschaft, nach einer qualitativ wertvollen Gemeinschaft besteht. Ehepaare können viel Zeit miteinander verbringen, ohne einander wirklich Zeit im Sinne von Aufmerksamkeit und Interesse zu schenken.

Sich einander mitteilen und horchen auf das, was mir der andere von sich sagen will, ist oft ein rares Geschenk unter Paaren.

Auch wenn Kinder ihren Eltern diesen Satz an den Kopf werfen, ist es ein verkappter Wunsch, wahrgenommen zu werden mit dem, was sie gerade bewegt und ihnen wichtig ist. Das Geschenk einander wahrzunehmen ohne zu beurteilen oder die Sorge, dass etwas passieren könnte. In gemeinsamen Zeiten, wo wir einander ohne Urteil wahrnehmen, schaffen wir Raum zur Begegnung, zum Erkennen.

Ältere Leute, die mit dieser Klage ihre jüngeren Verwandten zu sich einladen möchten, leiden vielleicht an einer Sinnentleerung des Alters. Die Erfüllung des Wunsches, die eigene Einsamkeit auszufüllen, schieben sie in die Verantwortung ihrer Nächsten.

Der Vorwurf suggeriert, dass es dem Sprecher schlecht geht, weil man zu wenig Zeit für ihn oder sie hat. Das typische Machtspiel, der andere ist dafür verantwortlich, wie es mir geht! Aus diesem Machtspiel steigt die Gewaltfreie Kommunikation aus und richtet das Augenmerk auf die Eigenverantwortung. Doch haben wir uns darin geübt, unserer Zeit sinnvoll zu füllen?

Dieser Vorwurf: »Du hast nie Zeit für mich« ist die Sehnsucht nach »erfüllter Zeit«.

Die griechische Mythologie kennt Chronos, den Zeitfresser, der seine eigenen Kinder auffrisst, die Lebenszeit verkürzt, ein Ungeheuer. Und sie kennt Kairos, den gelungenen Augenblick, die Stimmigkeit von Zeit und Geschehen, die erfüllte Zeit. Im Kairos packen wir die »Gelegenheit am Schopf« dabei lacht das Herz und die Augen funkeln.

Sehnen wir uns nach erfüllter Zeit?

Nach Paulus (Gal. 4,4) ist Jesus der Repräsentant für erfüllte Zeit. In Ihm können wir die Qualität erfüllter

Zeit, erfüllten Lebens erkennen. Diese Qualität zeigt sich unter anderem in der Art und Weise, wie Jesus den Menschen nach Überlieferung der frühesten Christengemeinden begegnet.

Mit Belanglosigkeiten gibt er sich nicht ab. Die schriftliche Jesustradition sind erzählerische Konstrukte, die Wesentliches auf den Punkt bringen wollen. Wo Jesus Menschen anspricht, seien es Kranke, Männer, alte oder junge Frauen, Kinder, Gelehrte oder Einfältige, Mächtige oder Ohnmächtige, da spricht er sie in ihrer Würde an, in ihrer Größe, in ihrer Lebenskraft.

Zu einer als »Sünderin« gebrandmarkten Frau sagt er: »Dein Glaube hat dir geholfen; geh hin in Frieden.« (Lk. 7,50) Immer wieder ist es der Glaube, der heilsame Kräfte hat. Blinde können erkennen. Lahme können sich bewegen. Der Glaube ist jene Geisteskraft, die unser Leben erfüllt, wo wir in der Fülle unserer Möglichkeiten sind, selbst wenn wir blind oder lahm sind. Dieser Glaube ist die Qualität, wie wir uns und die Welt sehen. Glaube hat hier etwas mit einer heilsamen Einsicht zu tun, nicht mit dem Fürwahr halten von religiösen Bekenntnisaussagen.

Im Zen gibt es den Spruch[23]:

»Vor der Erleuchtung
sind Berge – Berge, Bäume – Bäume,
während des Vorgangs der Erleuchtung
sind Berge nicht mehr Berge, Bäume nicht mehr
  Bäume.
Nach der Erleuchtung
sind Berge – Berge, Bäume – Bäume.«

Auf der ersten Ebene bin ich ich und du bist du, unsere biologischen Daten bestimmen uns. Der Mond ist am Himmel und ich auf der Erde. Es ist die Welt der Differenzierungen und Trennungen. Der eine ist dick, der andere dünn. Die Kirschbäume blühen im Frühling und verlieren im Herbst ihr Laub. Manchmal sind wir einsam und sehnen uns nach Gemeinschaft. Dann genießen wir es, allein zu sein. Manchmal verrinnt die Zeit, und dann haben wir den Eindruck, zehn Minuten dauern eine Ewigkeit.

Die Zeile »während des Vorganges der Erleuchtung« deutet hin auf Phasen und Prozesse, wo wir bewusst Momente der De-Identifikation und der Allverbundenheit allen Seins erfahren. Ich bin nicht nur ich, vielmehr auch alles was nicht-ich ist, der Baum, die Berge, der Himmel und weit darüber hinaus. Für diese Erfahrungseinsicht wird im Zen gerne die Metapher von der Leere verwendet. Diese »Leere aller Erscheinungsformen« ist gleichsam die Quelle allen Lebens, die Fülle. Diese Leere ist im Zen auch der absichtslose Ursprung eines Mitgefühls mit allen Wesen.

»Alles, was ist, ist wesentlich leer,
nicht entstanden, nicht vergangen,
nicht befleckt, nicht unbefleckt,
ohne Verlust, ohne Gewinn.
Daher ist in der Leere
nicht Form, nicht Empfindung,
noch Wahrnehmung, Willen und Denken,
nicht Auge, Ohr, Nase, Zunge, Körper, Geist,
nichts zu sehen, hören, riechen, schmecken,
fühlen, denken und so weiter,
nicht Unwissenheit und Ende von Unwissenheit,
nicht Alter und Tod und Ende von Alter und Tod.
Da gibt es kein Leiden, kein Entstehen von Leiden
und kein Vergehen von Leiden,
keinen Weg, keine Weisheit,
nichts zu erreichen und nicht nichts zu erreichen.«[24]

Und »da es nichts zu erreichen gibt«, leben die Bodhisattvas, also die erleuchteten Wesen, »ohne Behinderung des Herzens«. Sie können sich selbst und anderen »unbehindert« begegnen, daher »ohne Furcht«[25].

Eine empathische Präsenz zeichnet hier aus, dass die Verbundenheit allen Seins erkannt wurde und wir einander ohne Verlustängste begegnen können.

Diese Einsicht gilt es aus der Stille der Meditation in den Trubel des Marktplatzes oder Bahnhofs wirksam werden zu lassen, denn »nach der Erleuchtung sind Berge – Berge und Bäume – Bäume.«

Nicht die Bäume oder Mitmenschen oder wir selbst verändern sich durch spirituelle Einsichten und Erfahrungen, sondern unsere Perspektive, unsere Haltung, wie wir einander begegnen und unsere Deutungen können sich verändern.

In der Nachbarin von nebenan sehe ich nicht nur die dumme Frau. Ich begegne mir selbst in ihr und darin Christus, Buddha.

Leben wir in einer Welt, die von Chronos, dem urzeitlichen Ungeheuer verschlungen wird? Wo wir uns verfolgt meinen, immer in Gefahr, wo wir um unser Leben bangen müssen, wo wir Angst haben, etwas zu versäumen? Leben wir in einer Weltdeutung, wo es die Achse des Guten und die Achse des Bösen gibt, die gegeneinander zum Kampf antreten? Leben wir mit einer Weltsicht, in der wir uns getrennt meinen von dem, was uns wesentlich ist? Leben wir in einer Welt, wo wir immer wieder das Gefühl haben, das irgendetwas fehlt? Und diese Leere, im tieferen Sinn, diese Sinnleere, müsste jemand anderer ausfüllen? »Nie hast du Zeit für mich!« Das uns Zeit gegeben ist, ist das Geschenk das Lebens an uns.

Zeit als Stressfaktor kann sich wandeln, wo wir Momente der Entschleunigung in unseren Alltag aufnehmen. Einige Minuten des bewussten, achtsamen Atmens. Einige Minuten, wo wir nur wahrnehmen, hören, sehen ohne zu urteilen. Der lärmende Lastwagen. Der zwitschernde Vogel. Der Eichbaum im Garten. Die unerledigten Arbeiten.

Zeiträume, die wir uns selbst geben, wo wir uns erden, mit der Erde unter uns in Kontakt treten, am besten im wörtlichen Sinne, ohne Beschuhung, können heilsam sein. Es reichen einige Minuten der Achtsamkeit, wo wir durch bewusstes Atmen und Innehalten der Zeit, in der wir gerade leben, eine andere Qualität geben. Wir stehen aufrecht da, atmen ein, und beim Ausatmen schicken wir den Atem durch unseren Körper in die Erde unter uns. »Halt an, wo läufst du hin?«, schreibt Angelus Silesius. Es ist dieses Innehalten, das Not tut, wo wir zwar nicht die Uhr anhalten, doch diesem Moment des Ewigen im Jetzt Raum geben. Wie die Pausen bei einem Musikstück oder bei einem Gedicht, so brauchen wir auch im Alltag jene Momente, wo wir Innehalten und gehalten sind.

> Halt an, wo läufst du hin?
> Der Himmel ist in dir.
> Suchest du ihn anderswo,
> du fehlst ihn für und für.[26]

Sinnerfüllte Zeit erleben wir da, wo wir sie als sinnerfüllt erkennen und deuten. Das ist in Momenten der Freude sicher leichter als in Momenten der Trauer, des Schmerzes oder der Gewalt. Und doch ist diese Gegenwart Gottes, oder diese Allverbundenheit und Leere nicht an schöne Momente gebunden. Gott sei Dank nicht.

Stimmige Augenblicke und Zeiten des Kairos, der erfüllten Zeit, kann ich mitprägen durch meine achtsame Präsenz, ob beim Abwasch, Autofahren oder Lieben.

Du erwartest zu viel von mir

Dieser Ausspruch: »Du erwartest zu viel von mir!« kommt mit einem großen Seufzer daher, dabei können Gefühle mitschwingen wie: Ohnmacht, Ärger, Erschöpfung, Ratlosigkeit, Schwäche, Orientierungslosigkeit. Auf dem Sprecher lastet bildhaft gesprochen »ein Stein«, der ihn zu erdrücken scheint, den Atem nimmt. Erwartungen, die scheinbar oder »real« auf uns projiziert werden, können wie Gefängniszellen sein, die uns unsere eigene Sicht, unseren eigenen Entfaltungsraum nehmen, uns in unserer Selbstwirksamkeit einschränken. Auch, wenn diese Erwartungen gut gemeint sind.

Erwartungen sind wie ein schillernder Ballon kraftvoller Energie, die eine wahrhaftige Begegnung zwischen Menschen vereitelt oder die Begegnung mit einem selbst, die gesunde Selbsterkenntnis.

Du erwartest zu viel! Das kann ich nicht alles schaffen! Das bin nicht ich! Siehst du denn überhaupt, wer ich wirklich bin? Was ich bin und wie? Du willst immer mehr und anderes. Du meinst es sicher gut mit deinen Vorstellungen und Wünschen. Doch es sind deine Erwartungen an mich, vielleicht gar nicht so sehr an mich, eher an Dich. Und ich soll sie nur erfüllen.

Wenn ich höre, dass ich dieses und jenes so und so machen soll, dann fühle ich mich erschöpft und verzweifelt, ratlos, weil ich gesehen werden möchte und gewürdigt, so wie und mit dem, was ich mache. Ich brauche den Raum und die Sicherheit, dass ich mich entfalten und einbringen kann, dass ich entscheiden und mitgestalten kann. Ich brauche eine Klarheit und Würdigung dessen, was von mir kommt, was ich bin und wo du beginnst, was für Vorstellungen von dir kommen und erst mal nur etwas über dich aussagen. Ich brauche eine klare Grenze, eine Grenze als Begegnungsraum, wo ich ich bin und so gesehen werde und du deutlich mit deinen Erwartungen gesehen werden kannst, ohne dass sich das gleich vermischt. Ich kann und möchte mich nur auf deine Erwartungen einlassen, wo ich die Sicherheit habe, selbst bestimmen zu können.

Mir ist wichtig, dass wir uns darüber austauschen, was und wie ich es machen möchte und wie deine Vorstellungen sind. Was dir dabei wichtig ist und was es über dich sagt.

Sag mir bitte, was deine konkreten Erwartungen, wie ... über dich und deine Bedürfnisse aussagen?

Es ist im Besonderen die Würdigung des Eigenen und das Lassen des »Selbstraumes«. Wir bestehen ja nicht nur aus Körper. Unsere Ideen, unsere Vorstellungen sind wie ein energetischer Kraftraum, der uns umgibt, unsere Ausstrahlung. Erwartungen, die auf uns projiziert werden, vernebeln in gewisser Weise diese eigene Welt der Ideen. Deshalb ist Klarheit über meine und deine Vorstellungen, Gedanken wichtig. Diese Klarheit zeugt auch von Respekt dem anderen und einem selbst gegenüber.

Erwartungen, die wir an uns selbst haben und die eher dem Geist des Mangels entspringen, können zur Verfremdung von uns selbst führen.

Welch Geistes Kind sind unsere Ansprüche, Vorstellungen, Ideen an oder über uns? Ist die Haltung, die wir uns selbst entgegenbringen, kompetenzorientiert oder entspringt sie der Angst, nicht zu genügen?

Diese Einstellung oder Haltung, die ich mehr selbst oder anderen im Kontext von Erwartungen entgegenbringe, ist sehr kraftvoll, sowohl im Bereich der zwischenmenschlichen Kommunikation wie im spirituellen Bereich.

Im kommunikativen Bereich ist die Wertschätzung des Eigenseins wichtig und der Raum zur Differenzierung zwischen dem, was mich ausmacht und dich.

Im spirituellen Bereich ist es gleichfalls eine wesentliche Phase der Erkenntnis, wo wir den Nebel der Erwartungen, der Ideen, der Bilder an oder über Gott und im Hinblick auf uns lichten, verscheuchen durch schlichtes Ein- und Ausatmen. Gedanken und Ideen über die Liebe, Allmacht, über das Sein Gottes oder Buddhas oder über uns, die Menschheit kommen und gehen lassen. Nebelschwaden am Morgen, die sich verziehen. Das faszinierende, mitunter auch leidenschaftlich quälende an einem intensiven spirituellen Weg ist das Wandeln von irreführenden Annahmen, Hypothesen, Vorstellungen über das Sein Gottes und der Welt in eine tiefe Sehnsucht. In eine Sehnsucht, die uns leitet, durch die Nebelschwaden gutgemeinter oder schmerzlicher Enttäuschungen hindurch. Diese Sehnsucht nach Gott, oder nach dem, was die Welt im Innersten zusammenhält, führt uns durch das Gestrüpp und die Dornen des vermeintlichen Wissens um Gott und die Welt.

Diese Sehnsucht wird stärker, je mehr Trübungen des Geistes durch Vorstellungen und Bilder gelassen werden und wir uns öffnen für einen wachsamen, wahrnehmenden Geist. Die Qualität dieser Sehnsucht ist Demut. Erwartungen, Vorstellungen tragen immer die Frage nach richtig und falsch, schlechter und besser, zutreffend oder nicht in sich.

Diese spirituelle Sehnsucht kennzeichnet eine inhaltliche Leere, ein Lassen von Bildern. In dieser Sehnsucht streben wir nicht nach Gotteserkenntnis oder Erleuchtung. Diese gelassene Sehnsucht und lassende Sehnsucht zieht uns in die Erkenntnis, indem wir Gottes Bilder, Ich-

Vorstellungen usw. lassen. Durch das Sitzen in der Stille oder die achtsame Gehmeditation pflegen wir diese »Sehnsucht in Gelassenheit«. Wir üben uns darin. Es ist ein achtsames Tun ohne zu tun. Im alten China sprach man vom Geist des Wu wei, vom absichtslosen Tun. Diese Haltung und diese Reinigung unseres Geistes führt uns zu der befreienden Einsicht, dass bei der Frage nach dem Wesen Gottes und nach dem Sinn unseres Daseins nichts zu erreichen gibt, und nicht nichts zu erreichen.

Spirituelle Sprache oder inspirierte Poesie liebt hier wieder das Paradox als Zeichen, dass wirkliche Einsicht nicht zu besitzen ist.

Diese absichtslose Sehnsucht schenkt uns Vertrauen, die wir auch in der alltäglichen Kommunikation brauchen, gerade, wenn ich voller guter Erwartungen bin. Diesen Geist der Absichtslosigkeit gilt es zu kultivieren, denn da schenken wir dem anderen Vertrauen und holen ihn und uns selbst bei unseren Kompetenzen ab.

»Ich hab mir aber mehr von dir erwartet«, ist eine unkonkrete Selbstaussage über meine eigenen Erwartungen und keine Aussage über das Handeln oder das Sein des anderen.

Die klare Grenzziehung in der Kommunikation zwischen mir und dir ermöglicht Begegnung und das Gestalten eines gemeinsamen Weges.

In Beziehung leben und doch ich sein

Manche Menschen suchen in einer Beziehung Harmonie durch einen Gleichklang. Widerspruch wird dabei oft nicht geduldet oder als störend und in Frage stellend empfunden. Solche Paare ähneln einander nicht nur im Äußerlichen. Ihr Charakter ist ähnlich gestimmt, sie teilen gleiche Vorlieben, ob Speisen, Musik oder Kleidung. Die Mode unterstützt diese Tendenz durch »Partnerlooks«. Bei manchen Paaren ist diese Harmonie durch Gleichklang nur ein vorübergehendes Phänomen, bei dem wir einander scheinbar bestätigen, indem wir uns den Wünschen des anderen anpassen und uns dabei ein Stückweit selbst verlieren oder auch weiterentwickeln, insofern das Fremde und Neue als eigenes erkannt und integriert wird. Es sind Paare, die wie Zwillinge durch das Leben gehen. Individualität oder Eigensein wird zugunsten eines Einstimmens in die jeweilige Gestimmtheit des anderen aufgegeben. Es sind Paare, die ohne einander nicht können. Einen gewissen Ausgleich in der Gleichgestimmtheit gibt es, wenn derjenige, der die Führung vorgibt, wechselt – in bewusster oder unbewusster Abstimmung. Eine eigene Meinung, ein Abweichen oder kritisches Hinterfragen ist in so einer Beziehungskonstellation oft nicht erwünscht.

Solch ein Beziehungsmuster findet sich nicht nur in Paarbeziehungen. Die Tendenz zur Gleichschaltung gibt es in Betrieben, Organisationen, Parteien, Vereinen und ist manchmal bei Hundebesitzern und Hunden zu erkennen. Auch Schulen sind immer noch Orte, wo mittels Vergleichsarbeiten, Zentralabitur oder einheitlicher Methoden objektiv messbare Leistungen erzielt werden sollen. Die Theorie der Bildungspläne mit ihrer Betonung der Förderung von individuellen Lernprozessen steht zu oft noch im Gegensatz zur gängigen Schulpraxis. Gilt in einer Gruppe, ob im Büro oder in der Schule, das Einordnen in das jeweilig vorgegebene Prinzip als identitätsstiftende Maxime, dann besteht die Gefahr von strukturbedingten Mobbingprozessen. Der, der nicht so ist wie die scheinbare Mehrheit, soll sich anpassen oder gehen.

Integration hat in solchen Gruppen die Bedeutung von Gleichmachen. Das Motto: »Diversity is welcome« gilt bei der Tendenz zu gleichgeschalteten oder Zwillingsbeziehungen nicht. Wer in einer Zwillingsbeziehung lernt, lebt oder arbeitet, gibt und findet Bestätigung durch die Aufgabe seiner Individualität, oft auch seiner Kritikfähigkeit und des Verzichts einer eigenen Meinung. Er passt sich lieber an, verstummt oder übernimmt unreflektiert Verhaltensmuster und Werturteile. Dieses Verhaltensmuster hat Vor- und Nachteile für uns.

Wo wir uns anpassen, da geben wir nicht nur ein Stück von uns auf, wir erfüllen uns auch sehr wesentliche Bedürfnisse. Wo wir uns ärgern, weil wir uns anscheinend zu stark angepasst haben, können wir uns fragen, welche Bedürfnisse sind dadurch zu kurz gekommen und welche haben wir uns dadurch erfüllt.

»Seit ich mit dir zusammen bin, habe ich mich völlig verändert. Ich habe mich dir viel zu sehr angepasst!

Ich bin deswegen völlig unzufrieden mit mir. Ich habe das Gefühl, immer etwas von mir zu verleugnen. Ich spüre, ich steh unter Druck, in Habachtstellung, ob ich es dir recht machen kann. Ob du ja zufrieden bist und so wenig als möglich an mir herumzumeckern hast. Durch diese Konzentration auf dich und deine Werte werde ich zum einen wütend auf dich und gleichzeitig kann ich mich selbst nicht ausstehen. Ich nehme mich selbst kaum wahr. Ich befürchte, wenn ich stärker für mich einstehe, gibt es Ärger zwischen uns. Ich schwanke immer zwischen der Unzufriedenheit über mich selbst und dem, es dir recht machen zu wollen, damit es keinen Ärger gibt.«

In der Ambivalenz dieser Person spielt das Bedürfnis, »keinen Ärger zu bekommen«, eine wichtige Rolle. Positiv ausgedrückt kann das heißen, hier ist der Wunsch nach

Harmonie im Sinne von Gleichklang oder Einstimmigkeit sehr stark. Diese sogenannte »Harmoniesucht« ist jedoch nur Mittel zum Zweck für ein viel stärker wirkendes Bedürfnis. Dies wollen wir uns im Folgenden an Hand eines kurzen Dialoges anschauen.

Frau: »Ich kann es nicht haben, wenn hier dauernd gestritten wird.«

Mann: »Du bist harmoniesüchtig.«

Frau: »Das stimmt nicht, ich will nur nicht, dass hier dauernd gestritten wird.«

Hören wir so einen Wunsch oder Verzweiflungsschrei, dann stellt sich als erstes die Frage: Was willst du dann? Wenn du keinen Ärger willst, was ist dir dann wichtig?

Frau: »Wenn ich sehe und höre, dass ihr euch wegen jeder Kleinigkeit gleich in die Haare kriegt, dann könnte ich wahnsinnig werden. Müsst ihr euch denn gleich immer streiten und so aggressiv werden?!

Ich bin wütend, verzweifelt, weil ich nicht weiß, was ich machen soll. Ich bin ratlos, ohnmächtig, hilflos. Weil? Was ist mir wichtig? Mir ist wichtig, dass wir ruhig und respektvoll miteinander umgehen. Dass wir Auseinandersetzungen friedlich beilegen können. Mir ist wichtig, dass wir einfach ruhig miteinander Meinungsverschiedenheiten klären.

Lasst uns bitte Regeln miteinander absprechen, nach denen wir Streit klären, damit es gar nicht zu Streit kommt.«

Mann: »Toll, wie in der Schule. Wenn ich höre, dass du Streitereien immer ruhig austragen willst, dann fühl ich mich amputiert. Gefühle gehören zum Leben. Auseinandersetzungen machen das Leben doch erst interessant. Das Aufeinanderprallen von Meinungen, die Unterschiedlichkeit, das Aneinander reiben, schafft Begegnung und gibt dem Leben seine Würze.

Ja, mit Gesprächs- und Benimmregeln, kannst du Streit schlichten. Ich will aber manchmal ganz einfach nur streiten und nicht immer gleich alles glattbügeln, versöhnen. Du bist halt harmoniesüchtig.«

Frau: »Wenn ich höre, dass du zu mir sagst, dass ich harmoniesüchtig bin, dann könnt ich ja glatt in der Luft zerspringen. Es macht mich wütend, weil ich alles dafür tue, dass es uns gut geht miteinander, und du machst das nur lächerlich und wertschätzt das gar nicht.«

Mann: »Eben, du bist harmoniesüchtig.«

Frau: »Was?! Stell dir mal vor, wie es wäre, wenn ich mich nicht verkrümmen würde, um mich deinen Wünschen anzupassen. Wenn ich so leben würde, wie es mir passt. Dann hätten wir keine Beziehung. Wir würden ständig streiten und irgendwann auseinander gehen.«

Mann: »Ich liebe Streit.«

Frau: »Du liebst vielleicht Streit, aber dann nicht mich.«

Mann: »Befürchtest Du, wenn wir oft miteinander streiten und du für dich einstehst, wenn du mir etwas sagst, womit ich nicht übereinstimme, dass du dann nicht geliebt bist? Dass unsere Beziehung dann kaputt geht?

Frau: »Ja, die Angst habe ich. Streiten bedeutet für mich, dass es uns nicht gut geht, vor allem heißt es, dass ich nicht gut bin. Dass ich dann nicht von dir gewollt bin, so wie ich bin. Mit meinen Eltern konnte ich auch nicht streiten. Da konnte ich mich nur anpassen, sonst gab es Ärger, und ich hatte das Gefühl, nicht erwünscht zu sein.«

Hinter dem Gefühl, besser gesagt hinter der Befürchtung »nicht erwünscht zu sein«, steckt das Bedürfnis, zur Familie oder zur Gruppe dazu zu gehören. Um dieses Bedürfnis, die Zugehörigkeit zur Gruppe, zu erfüllen, sind wir Menschen im Stande, sehr viel zu tun, nicht nur uns selbst zu verleugnen. Dieser Drang, zur Gruppe zu gehören, willkommen zu sein, halbwegs akzeptiert zu sein, steckt tief in uns, da wir entwicklungsgeschichtlich als Einzelwesen in der Wildnis nicht oder nur sehr schwer überlebt hätten. Die Zugehörigkeit zur Gruppe schenkt uns Identität und Sicherheit.

Heute als Erwachsene können wir überleben, auch wenn wir nicht gut Freund mit allen Menschen um uns herum sind. Wo ich lernen möchte, für meine Bedürfnisse einzustehen, da gilt es, sich dieser tiefen Angst vor dem Zurückgestoßenwerden, dem Alleinsein und anders sein zu stellen. Wer als Kind nicht die Erfahrung gemacht hat, dass Streitereien unter Geschwistern und Meinungsverschiedenheiten ein Teil eines funktionierenden Familienlebens sind, wird diese negative emotionale Färbung von allem, was mit Konflikten zu tun hat, wahrscheinlich nur langsam und schwer ablegen können. Kinder entwickeln ihre Konfliktfähigkeit, wo sie spüren, dass auch bei einem Streit mit Mama und Papa, auch, wenn die Eltern wütend auf einen sind, dass sie selbstverständlich auch in Ärger und Frust geliebt sind. Hier ist es wichtig, sich als Eltern bewusst zu werden, dass ihre Gefühle etwas über ihre eigenen Bedürfnisse und Werte aussagen und nichts über das Kind.

Wo Eltern es schaffen, ihren Kindern bei Partnerschaftskonflikten zu vermitteln: »Wir achten uns, streiten uns und versöhnen uns!«, da muten sie ihren Kindern eine wohltuende, lebendige Wahrhaftigkeit zu.

Wer aus einer »Zwillingsbeziehung« aussteigen möchte oder sie und sich weiterentwickeln will, braucht den Mut, wahrhaftig und achtsam zu streiten. Wieder gilt es, ein dualistisches Denken aufzugeben, statt Streit und Liebe als Gegenpole zu sehen, entdecken wir die Größe und Tiefe der Liebe, wo wir in ihr mit uns selbst und anderen respektvoll streiten können..

Wer bin ich, wenn ich nichts tue

Neben der Zwillingsbeziehung gibt es noch andere Beziehungsmuster, in denen wir uns verlieren und wiederfinden können. Als nächstes schauen wir uns Beziehungsmuster an, bei denen Leistung oder das »gemeinsame Projekt« einen wichtigen Stellenwert hat.

Manche Personen erleben Beziehungsmuster als erfüllend, wobei sich die Partner ergänzen. Der eine beginnt einen Satz, und der andere fährt fort. Solche Paare können prima miteinander kochen, planen, arbeiten. Gemeinsam gestalten sie ihr Leben. Der eine hat eine Idee, der andere unterstützt und bringt sich bei der Verwirklichung ein. Das verbindende Element in der Beziehung ist ein gemeinsames Projekt, ob das die Kinder und deren Erziehung sind, oder ob das eine gemeinsame geschäftliche Vision ist. Dieses Beziehungsmuster prägt Kooperation. Unterschiedlichkeit und Individualität ist im Dienst der gemeinsamen Sache erwünscht und gestattet. Die individuellen Ressourcen, Begabungen und auch Schwächen werden zum Nutzen für ein gemeinsames Ziel gebündelt.

In einem solchen kooperativen Beziehungsmuster kann ich auch mit einem mir unsympathischen Menschen zusammenarbeiten, weil die Aufmerksamkeit des Einzelnen und der Gruppe auf das verbindende Projekt gelenkt ist. Bestätigung oder Identität erfahren die Einzelnen oder die Gruppe durch die Arbeit am gemeinsamen Dritten.

Zu Konflikten, peinlichen Schweigemomenten oder einer zeitweisen Handlungsunfähigkeit oder Überforderung kann es kommen, wenn gerade kein gemeinsames Projekt vorhanden ist, wenn sich Zeiträume auftun, wo Mann und Frau einfach da sind. Wo sich Räume zur Begegnung öffnen, weil plötzlich eine Abwesenheit vom Planen, Schaffen und Verwirklichen eingetreten ist. In Momenten, wo keine Leistung gefragt ist, außer Atmen und Dasein, aufmerksam Dasein. Oder wo jemand seine erwarteten Leistungen nicht mehr erbringen kann, wird das sich selbst Aushalten und Wahrnehmen zu einer großen Herausforderung.

Wer bin ich, wenn ich nicht mehr gebraucht werde oder nichts mehr leisten kann?

»Meine größte Angst ist, dass ich irgendwann nicht mehr die Leistung erbringen kann, die verlangt wird. Wenn ich daran denke, dass ich einmal nutzlos sein könnte, bekomme ich Panik. Wer bin ich denn dann noch? Bislang konnte ich immer noch etwas schaffen und meinen Teil dazu tun. Das ist einfach ein gutes Gefühl, wenn man was machen kann, nützlich ist, gebraucht wird. Sonst ist man gar nicht wichtig. Ich muss ja nicht sehr wichtig sein, aber in meinem Rahmen halt. Das reicht schon. Einfach nichts zu tun oder nicht mehr leisten zu können, was von einem erwartet wird, macht ja das ganze Leben sinnlos. Für was lebt man denn dann? Der kleinste Käfer ist ja zu was Nutze, wenn ich auch nicht weiß, für was. Aber irgendeinen Sinn hat doch jeder. Die Hände in den Schoss legen, na soweit kommt's noch. Da kann man ja gleich seinen Abgang machen.«

Hören wir uns diese Ängste mit Giraffenohren an:

»Wenn ich daran denke, dass ich einmal nutzlos sein könnte, dann bekomme ich Panik, Beklemmung, ein Gefühl des Zweifelns an mir selbst. Ich spüre Unsicherheit und Unbehagen, eine Schwäche, weil ich Angst habe, mich zu verlieren, weil es mir wichtig ist, da zu sein, ganz da zu sein, mich zu spüren und wahrzunehmen. Ich will lebendig sein. Ich will gesehen und anerkannt werden. Ich brauche Halt im Leben, eine Sicherheit, dass ich da sein darf. Bislang gibt mir diese Sicherheit oder Bestätigung meines Daseins meine Arbeit.«

Anscheinend ist die bisherige Hauptlösungsstrategie für die Daseinsberechtigung dieser Person ihre Arbeitsmöglichkeit und Leistungsfähigkeit. Die Selbsteinfühlung mittels Giraffenohren führt diesen »Schaffer« zu seinem ursächlichen Bedürfnis: Die Sicherheit, da sein zu dürfen.

Er sucht in und durch seine Arbeit Bestätigung, eine Bestätigung für sein Dasein. Die Frage: Wer bin ich? beantwortet er in und durch seine Arbeit. Analogie und Selbstsein findet er durch Leistung, Schaffen, das Gestalten von etwas Drittem. Dieses Beziehungsmuster, das ich als Einzelner zu »meiner Welt« aufbauen kann, oder dass ich in dieser Weise mit anderen zusammen gestalte, beginnt zu wanken, wenn Arbeit und Schaffen wegfallen. Solche Menschen fallen »in eine Leere«. Diese »Leere« kann heilsam und furchterregend sein. Denn wer bin ich, wenn ich nicht mehr schaffe und leiste, wenn ich mich nicht über ein Drittes definiere?

Furchterregend ist dieses Gefühl der Leere, weil mir alles genommen wird, woran ich bisher meine Identität und meine Daseinsberechtigung geknüpft habe.

Heilsam ist diese Leere, weil alles, was bislang wertvoll für mich war, in ihr verschwindet, weil jede Möglichkeit der Identifikation mir entschwindet – und einem Bewusstsein, einem offenen Gewahrsein Raum gibt. Wir können hier unser Dasein wertfrei wahrnehmen. Heilsam ist diese Erfahrung existenzieller Leere, wo wir uns erfüllen lassen von ihr und Dasein dürfen ohne den Drang, uns zu bestätigen oder Bestätigungen hinterher zu jagen.

Diese erschreckende Erfahrung, nicht mehr gebraucht zu werden, führt oft in eine Krise, bei der im ursprünglichen Sinne des Wortes »etwas aufreißt« oder zerreißt, nämlich unsere Identifikationsmuster. »Ich habe Angst, mich zu verlieren!«, erkennt der Mann in seiner Einfühlung. So wie der Durst in der Wüste ein Hinweis, ein Wegweiser dafür ist, dass es Wasser gibt, auch wenn wir nicht wissen, wo, so ist diese Verlustangst der Hinweis, dass es in dieser Phase, wo wir uns in Frage gestellt finden, etwas zu verlieren oder loszulassen haben. Auf spiritueller Ebene wird hier von einem Prozess der De-Identifikation gesprochen. Gemeint ist der Prozess, wo Ichbilder, also Identifikationen mit Bildern von uns selbst bröckeln. Es geht hierbei nicht nur darum, dass sich eine Identifikation verändert, wie wenn aus einer berufstätigen Frau nach neun Monaten eine Mutter wird, oder ein vielbeschäftigter Manager wird auf einmal Mönch. De-Identifikation bezeichnet den Prozess der Erkenntnis, dass wir immer mehr und anders sind als das, was wir meinen oder woran wir uns hängen. Wir erzeugen nicht mehr unserer Identität durch die Kraft der Vorstellung und Wertigkeit, vielmehr lassen wir sie durch jeden Atemzug neu entstehen. Das achtsame Atmen führt uns immer wieder in den Augenblick, in das gegenwärtige Dasein mit seinen Geräuschen, Gedanken und Gefühlen. Auch wenn wir all das wahrnehmen, so sind wir es nicht.

Wer ist es, der dies alles hört und sieht? Wer ist es, der all das schafft?

Wo unsere Identifikationsmuster und auch Beziehungsmuster im Alltag aufbrechen oder in Frage gestellt werden, ergeht die Einladung an uns, weiter zu fragen, wer bin ich? Wer bin ich wirklich?

In diesen Prozess des Loslassens begeben wir uns bewusst, wo wir die Stillemeditation praktizieren, nicht für fünf Minuten, sondern als eine lebenslange Praxis.

Durch das Sitzen in der Stille eröffnet sich uns immer wieder ein Raum der Geborgenheit. Ängsten um uns selbst wird bei diesem Sitzen in der Stille der Nährboden genommen. Für viele ist es ein mühsamer Weg, nichts zu tun. Einfach da zu sein.

Lieber rennen wir vor dieser erschreckenden und heilsamen Leere davon, indem wir einer Beschäftigung, einem Event nach dem anderen hinterher jagen. Wir sind pausenlos geschäftig und rennen vor der Begegnung mit uns selbst davon.

Religionsgeschichtlich begegnen sich in diesem psychologischen und spirituellen Reifungsprozess die Metapher vom Schöpfergott und der buddhistischen Leere. Es ist nur ein scheinbarer Widerspruch: Der Gott, der schafft und die Leere, als Fülle. Die Frage an uns ist, in welcher Haltung schaffen wir oder tun wir nichts?

Machen wir etwas oder üben wir uns im Nur-Sitzen, weil wir etwas erlangen wollen, was auch immer: Daseinsberechtigung, Liebe, Anerkennung, Erleuchtung?

Unser Leben ist uns geschenkt. Wir dürfen es auspacken, entwickeln, entfalten – mit Staunen, mit einem Lächeln und mit Tränen. Unser Leben ist wie das Samenkorn, das in sich die Potenziale eines ganzen Baumes trägt, den Stamm, die Wurzeln, die Krone mit Blättern und Früchten. Natürlich braucht dieser Baum Sonne, Wind und Regen sowie die Nährstoffe des Bodens. Doch das, was ihn im Wesen ausmacht, ist immer schon da, auch wenn er verkrüppelt aufwächst.

Das Ziel unseres Lebens kann es nicht sein, nach Bestätigung oder Liebe zu haschen. Geliebt und gewollt zu sein, ist unser Ursprung.

Solange ich dich kritisiere, bist du mir wichtig

Wer in seinen Beziehungen Bestätigung sucht durch primäre Gleichgesinnung, würde bei einem Partner, der den Widerspruch liebt, viel leiden.

Sowie es Menschen gibt, die zu ihrem Wohlempfinden kritiklose Harmonie oder Gleichklang brauchen, so gibt es auch Charaktere, die aus dem Spiel der Gegensätze ihre Lebensfreude beziehen. Sie brauchen in ihren Beziehungsgeflechten den Gegensatz. Klare Positionen und die augenscheinliche Unterschiedlichkeit gibt diesen Beziehungen die Würze. Paare, die durch die Anziehungskraft des Gegensatzes zusammengefunden haben oder zusammengehalten werden, finden viele und gerne Reibungspunkte. Der gelebte Widerspruch hält sie zusammen. Solche Beziehungsmuster tragen viel Spannung in sich und können sehr anstrengend sein. Kritik geben und empfangen sowie in Frage stellen ist hier ein emotional positiv besetztes Geschehen.

>»Meine Partnerin zu kritisieren, ihm offen zu sagen, wie es mir mit ihm geht, ist ein Zeichen meiner Liebe. Sie ist mir wichtig. Wenn ich immer nachdenken müsste, ob sie das jetzt verletzt, wäre mir das zu anstrengend. Es ist doch ein Zeichen unseres Vertrauens, dass ich das sage, was in mir vorgeht, was ich denke, fühle, meine. Sie kann ja immer noch anderer, eben ihrer Meinung sein. Da wird es ja dann auch erst interessant, wenn sie anderer Meinung ist und das auch äußert und

nicht in sich verborgen hält. So kommt es wirklich zu einem Dialog und einer Begegnung. Das Leben ist doch immer ein Suchen und Finden und neues Suchen. Ich sage meine Meinung oder gebe Kritik, nicht weil ich der Meinung bin, alles richtig zu wissen, sondern weil es ein Ausdruck meiner Betroffenheit ist, meiner Lebendigkeit. Ich gehe nicht davon aus, dass jemand alles richtig tun muss. Ich gehe davon aus, dass wir alle auf dem Weg sind und dabei offen für einen interessanten, unterschiedlichen Austausch. Ich selbst würde es langweilig finden, wenn jemand mir nur nach dem Mund spricht und mir nie Contra gibt. Da kann ich mich ja gleich im Spiegel anschauen. So selbstverliebt bin ich nicht. Ich will herausgefordert werden.«

Wie lässt es Johann Wolfgang von Goethe den Herrn in seinem Prolog im Himmel über Mephistopheles sagen:

>»Von allen Geistern, die verneinen,
> Ist mir der Schalk am wenigsten zur Last.
> Des Menschen Tätigkeit kann allzu leicht erschlaffen,
> Er liebt sich bald die unbedingte Ruh;
> Drum geb ich gern ihm den Gesellen zu,
> Der reizt und wirkt, und muss als Teufel schaffen.«[27]

Mephistopheles, der zum Gefolge des Herrn gehört, sagt über sich selbst:

>»Ich bin der Geist, der stets verneint!
> Und das mit Recht; denn alles, was entsteht,
> Ist wert, dass es zugrunde geht;
> Drum besser wärs, dass nichts entstünde.
> So ist denn alles, was ihr Sünde,
> Zerstörung, kurz, das Böse nennt,
> Mein eigentliches Element.«[28]

Und doch ist Mephistopheles kein Gegenspieler Gottes. Er ist ein Teil des Herrn, der »stets das Böse will, doch stets das Gute schafft.«

Das »Böse« ist hier das, was eine selbstzufriedene Ruhe des Menschen stört. Mephistopheles steht für die willentlichen und nicht-willentlichen Veränderungen, Zerstörungen, für eine Dynamik der Unzufriedenheit mit dem Ist-Zustand.

> »DER HERR: Hast du mir weiter nichts zu sagen?
> Kommst du nur immer anzuklagen?
> Ist auf der Erde ewig dir nichts recht?
> MEPHISTOPHELES: Nein Herr! ich find es dort,
>   wie immer, herzlich schlecht. Die Menschen dauern
>   mich in ihren Jammertagen,
> Ich mag sogar die Armen selbst nicht plagen.«[29]

Der Spott gibt diesem Dialog seine Würze. Mephistopheles kritisiert hier die Schöpfung des Herrn und damit Gott selbst. In dieser Gotteskritik sind beide eng miteinander verbunden. Diese Kritik ist ein Vertrauens- ja, Freundschaftsbeweis. Als guter Diener seines Herrn verheimlicht Mephisto nicht seine Gedanken, sondern bringt sie in das gemeinsame Spiel mit ein.

»Solange ich Menschen in meinem näheren Umfeld noch kritisiere, sind sie mir wichtig!« Ja, es gibt auch Menschen, die kritisiere ich nicht mehr. Doch diese habe ich innerlich irgendwie abgeschrieben. Sie sind meine Kritik nicht mehr wert. Meist kommt das dann, wenn ich merke, dass Sie mit meiner Kritik nur negativ umgehen können. Sie erkennen es nicht als ein Zeichen meiner Wertschätzung. Manchmal bin ich es müde, nur als Querschlägerin angesehen zu werden. Anderer

> Meinung zu sein und diese auch zu äußern, ist ein
> selbstverständliches Zeichen von Freiheit und Demo-
> kratie. Allerdings habe ich an der Schule meiner Kin-
> der aufgehört, ehrlich meine Meinung zu sagen. Es hat
> meinem Kind geschadet.«

Kritikfähigkeit braucht einen geschützten Raum nicht
nur im zwischenmenschlichen Bereich, auch in mir selbst.
Diesen »Raum«, diese Bereitschaft, selbst zu bestimmen
und zu gestalten, ist wichtig, damit wir von Kritik nicht
überrollt werden.

Wie gehen wir mit Kritik um, die wir zu hören bekommen? Wir können die Rechtfertigungsautomatik bremsen,
indem wir erst mal ausatmen, wenn ein Vorwurf auf uns
trifft. Und uns innerlich bedanken. Der oder die andere
teilt sich gerade mit. Sie oder er sagt gerade etwas von ihren Bedürfnissen, zwar in einer womöglich verletzenden
Sprache, doch mein Gegenüber sagt nur etwas über sich
aus. Diese Haltung, eine Haltung des Loslassens und der
Dankbarkeit, eröffnet den Raum, dass wir einander kritikfähig begegnen können. Ganz wichtig ist es, innerlich die
Übersetzerohren geöffnet zu haben: was sagst du gerade
von dir, wenn du Forderungen an mich stellst?

> »Du kannst nicht einmal dazu stehen, wenn du einen
> Fehler machst, sondern lastest ihn mir an. Was sollen
> da die anderen von mir denken!«

Bei diesem Vorwurf könnte man sich verhängnisvoller-
weise erst an den ersten Teil festhaken: »Du kannst nicht
…«. Es ist im Grunde egal, was dann für eine Sache genannt
wird. Es ist auch erst mal nicht relevant, ob die Behauptung
stimmt oder nicht zutrifft. Bin ich beim Hören eines solchen Vorwurfs ganz bei mir und präsent, dann kann ich mir

anhören, was der andere von sich mitteilt. Er oder sie sieht sich »belastet« mit etwas, das ihm nicht zutrifft.

»Du machst dir Sorgen, wie die anderen über dich denken.«

»Ja, die glauben jetzt, ich hätte die Lade kaputt gemacht. Dabei war sie ja schon beschädigt. Das warst ja du. Ich habe ja nur weiter daran gezogen. Sie war ja schon nicht mehr zu retten. Du hättest ja Bescheid sagen können, dass du sie zerstört hast.«

»Du wärst gerne informiert gewesen.«

»Ja, das ist doch selbstverständlich.«

»Gut. Darum kann ich mich das nächste Mal bemühen. Und wie steht es jetzt mit deinem guten Ruf.«

»Na, der ist geschädigt.«

»Was kannst du jetzt machen? Kann ich etwas machen?«

»Na ja, wir könnten beide zu den anderen gehen und den Vorgang noch mal erklären und auch mit ihnen absprechen, dass wir, wenn etwas kaputt geht, einander zeitnah informieren.«

»Gut. Ich habe auch noch eine Bitte an dich.«

»Hm.«

»Mir ist wichtig, dass ein jeder von uns Verantwortung für sein eigenes Handeln übernimmt. Als du gesehen hast, dass die Lade einen Sprung hat, war es deine Entscheidung, ob du weiter daran reißt oder nicht. Diese Entscheidung hast du getroffen. Niemand sonst. Mach mich also bitte nicht verantwortlich für etwas, was du gemacht hast.«

Die Giraffe in uns übt sich im Übersetzen von anklagenden Wolfsäußerungen und im aufrechten Einstehen für ihre eigenen Werte.

In der Unterscheidung, was dir wichtig ist und was mir, geben wir einander den Raum zur Begegnung. In diesem Niemandsland zwischen dir und mir können wir entscheiden, ob und wie wir auf unterschiedliche Bedürfnisse eingehen wollen oder nicht. Hierfür ist es wichtig, eigene Bedürfnisse klar zu formulieren und Verantwortung für sie zu übernehmen. Die Erkenntnis: »Solange ich dich kritisiere, bist du mir noch wichtig« hat eine Zwillingsschwester, die da heißt: »Solange ich dir noch meine Bedürfnisse mitteile, bist du mir und ich bin mir selbst wichtig.«

Ich kann dich nicht verlassen

Es gibt Beziehungsmuster oder Phasen in länger dauernden Beziehungen, wo Paare aneinander festhalten oder an einem gewissen gemeinsamen Status (der Status Ehe, der finanzielle, gesellschaftliche Status), darin unglücklich sind, aber nicht loslassen können oder wollen.

Es sind im Scheitern erstarrte Beziehungen.

»Sie blickte durch ihr Guckloch auf das graue Laub der grauen Bäume hinaus und dachte an Soledad Ordónez, die unscheinbare, bucklige alte Frau aus dem barrio San Miquel, die zweiundzwanzig Jahre nicht mit ihrem Mann redete, weil er auf dem Markt von San Andrés ihr Schwein verkauft und sich vom Erlös eine Woche lang betrunken hatte. Als er auf dem Sterbebett lag, umringt von Priestern, ihren drei Söhnen und vier Töchtern, allen siebzehn Enkelkindern und seinem Bruder, krächzte er mit viel Mühe die Worte heraus: »Soledad, sprich mit mir!« Ihr Gesicht war steinern, der Priester und der Bruder und alle Kinder und Enkel

> hielten den Atem an, und dann sagt sie ein einziges
> Wort: »Suffkopf!«, und er starb.«[30]

Die Beziehung scheint sich nicht weiter zu entwickeln.
Die Personen, ob Mann, ob Frau, sind ähnlich rückwärts-
gewandt wie Lots Frau, die nach biblischer Erzählung auf
das zerstörte Sodom zurückschaut und dabei zur Salzsäule erstarrt (Gen. 19).

Lot bekommt zu hören, dass er, seine Frau und Familie
gerettet werden. Sie sollen die Stadt Sodom verlassen, sich
nicht umdrehen und in der ganzen Gegend nicht stehen
bleiben, sondern gehen und ins Gebirge wandern. Sie sollen vorwärtsgewandt in Bewegung bleiben. Sie machen
sich auf den Weg. Die Stadt in ihrem Rücken wird zerstört.
Lots Frau dreht sich um, und im Rückblick erstarrt sie zur
Salzsäule. Es kann eine traumatische Starre sein, die uns an
Vergangenes bindet, sodass wir nicht offen sind für das Lebendige Hier und Jetzt. Es kann jedoch auch das gefräßige
Ungeheuer Stolz oder Trotz sein, das immer wieder genährt sein möchte, sodass wir nicht verzeihen können und
uns in bestimmten Bereichen nicht weiterentwickeln.

Die bucklige alte Frau, die über zwanzig Jahre kein
Wort mehr mit ihrem Mann gewechselt hat, fror ihr Le-
ben und das ihres Mannes auf einen Moment ein. Diese
Härte dem eigenen Herzen gegenüber kostet Kraft.

Eines Tages sagte eine Frau mit versteinerter Miene:

> »Ich kann ihm nicht verzeihen.«

Sie gab sich selbst Einfühlung. Im Mittelpunkt stand dabei
die Kraft, die in ihrem »kann nicht« steckte. Sie verkörperte
diese »Kann-nicht-Haltung«. Ihre Hände bildeten Fäuste,
die Arme waren angewinkelt. Ihr Gesicht war vor Anspannung verzerrt. Sie starrte mit zusammengekniffenen Augen.

Breitbeinig stand sie da. Ihr Körper zeigte äußerste Anspannung und geballte Kraft. Sie atmete eine Zeitlang bewusst so in ihren Körper hinein und lauschte auf ihre Gedanken, Gefühle und achtete auf ihre Körperwahrnehmung.

»Es ist anstrengend, in diesem »ich kann nicht« zu bleiben, aber es macht mich stark. Ich fühle mich stark dabei, mächtig, kraftvoll und ich spüre ein hämisches Lachen in mir aufkommen. Das »ich kann nicht« wandelt sich je länger ich körperlich darin bleibe in ein »ich will nicht«. Das spielt sich für mich immer mehr im Kopf ab, als dass mein Körper wirklich so verkrampft und verbittert sein will. Dieses »Nicht-Wollen« stärkt mein Festhalten, denn eigentlich ist es für mich, für meinen Körper zu anstrengend, ständig so böse zu schauen, so trotzig und beleidigt. Mein »Ich will nicht« ist viel kraftvoller als mein »Ich kann nicht«. Dieses »Ich will nicht« ist mächtig. Ich fühle mich mächtig dabei. Ja, das gefällt mir. Dieses Gefallen schmeckt ein bisschen nach Rache, nach Vergeltung. Dieses »Ich will nicht« oder »Ich kann nicht« gibt mir Macht. Ich bestimme, ob ich verzeihen will oder nicht. Ja, das genieße ich. Ich habe es in der Hand. Ich fühle mich sicher dadurch. Dieses Gefühl des bestimmen Könnens, des sicher in der Hand Habens, ist toll. Das ist wie ein Lustgefühl. Jetzt ist er davon abhängig, ob ich ihm verzeihe oder nicht. Das gibt mir ein Gefühl der Würde.«

»Kannst du dich daran erinnern, wie du dich gefühlt hast, als du entdeckt hast, dass er ...?«

»Ich war damals fassungslos. Ich hatte ein Gefühl, als ob mir der Boden unter den Füssen wegbricht. Haltlos, ja und entwürdigend. Ich bin mir so gedemütigt vorgekommen. Das ist ein Gefühl, als wäre man selbst nicht da. Leer. Ohnmächtig. Enttäuscht. Ich hatte ihm vertraut. Alleine fühlte ich mich.

Alleine. Ja, das ist es. Und das wollte ich nicht. Ich wollte Verbundenheit. Und der Trotz, das Festhalten an dem verletzt Sein, gibt mir Kraft. Da halte ich an ihm fest, und ich spüre mich dabei. So war meine Lösung für die Demütigung. Es war meine Lösung für das Bedürfnis, wieder da zu sein, stark zu sein, mit ihm doch verbunden zu sein, und wenn nicht im Guten, dann halt im Schlechten.

Dieses Bedürfnis, verbunden zu sein mit ihm – trotz allem – und mich zu spüren, stark und schön und in Würde, ist mir wichtig.

Aber, es ist so anstrengend. Es ist so starr, wie ich es mache.

Irgendwie ist es nicht ehrlich. Ich würde es ihm gern ehrlich sagen oder zeigen, dass ich trotzdem mit ihm zusammen sein will.

Wenn ich diesem Wunsch nachspüre, dann kommt da ganz viel Traurigkeit hoch. Ich werde körperlich weicher, die Erstarrung bröckelt, aber vor dieser Verletzlichkeit, die dann wieder zum Vorschein kommt, habe ich auch Angst. Ich bin ja dann wieder angreifbar. Dieses Gefühl, in meiner Verletzlichkeit ausgeliefert zu sein, das will ich nicht. Diese Ohnmacht. Dass er mit meinen Gefühlen spielen kann. Ich brauche da einen Schutz. Eine Sicherheit, aber eine andere als diesen Machtkampf.

Ich spüre, ich brauche den Kontakt mit ihm, den ehrlichen Austausch. Ich will ihm sagen, dass mich das damals verletzt hat und ich diese Starre, diese Unerbittlichkeit, diese Mauer aufgebaut habe als Schutz vor weiteren Verletzungen, aber auch, um ihn an mich zu binden. Schuldgefühle sind halt ein guter Kleister. Und ich möchte ihm sagen, dass ich mir eine von diesem trotzigen Festhalten befreite Beziehung mit ihm wünsche. Uns verbindet jetzt ein »Nein«.

Ich wünsche mir wieder ein »Ja«, ein »Ja« füreinander. Ein »Ja«, bei dem man sich in die Augen schauen kann ohne Schuldgefühle, oder Triumph.

Davor habe ich halt auch Angst. Diese Angst macht mich unbeweglich. Wenn ich rein spüre in meinen Körper, wie er so krampfhaft erstarrt ist, dann sehnt sich mein Körper, aber auch mein Geist, einfach nach Entspannung, nach Leichtigkeit. Ich möchte mich wieder freuen können, an ihm und mir. Ich möchte ihm das alles mitteilen, was in mir vorgeht.

Verletzlich, offen sein für ihn, für mich, und doch geschützt vor Verletzungen. Wie kann das gehen?«

Geben wir uns selbst Einfühlung, dann zeigen uns Gefühle den Weg zu grundlegenden Bedürfnissen und Werten. Neben dem rationalen Erkennen und Reflektieren ist dabei die Körperwahrnehmung ein wichtiger Wegweiser. Immer wieder hat sich gezeigt, dass das Wahrnehmen und sich leiten Lassen von körperlichen Signalen hilft, gedankliche Schranken zu entmachten. Wo wir uns hinter Gedankengebäuden verbarrikadieren, durch die wir uns selbst am Leben hindern, da eröffnet uns die Weisheit des Körpers einen Weg ins Leben. Es ist anstrengend, an Meinungen, Gedanken, Gefühlen festzuhalten, nicht locker zu lassen. Der Körper zeigt einfach, dass er hier Veränderung braucht. Gerade in Konfliktsituationen gilt es, dem Körper und seinen Bewegungsimpulsen Achtsamkeit zu schenken.

Wenn der Wind des Wandels weht,
bauen die einen Mauern,
die anderen Windmühlen.[31]

Bei diesem Beispiel ist es sehr deutlich, dass zum einen die Starre des Körpers der Frau Kraft gibt, Sicherheit und Stärke. Sie kostet allerdings auch viel Mühe. Sie ist anstrengend. So stellt sich die Frage, wie diese Frau Würde, Respekt, Sicherheit, Selbstbestimmung erleben und gleichzeitig ihre Verletzlichkeit annehmen kann? Hierbei möchte ich im Folgenden die Aufmerksamkeit auf einen bestimmten Aspekt lenken, auf den der Erfahrung von Leere. Diese Frau hat in der Beziehung diese Erfahrung gemacht. Es war eine Selbstwahrnehmung, die sie mit demütigend und beängstigend umschreibt. Sie hatte ein Gefühl, nicht da zu sein, und die Befürchtung, ins Bodenlose zu fallen. Ihre Lösungsstrategie gegen das Aushalten dieser »Leere« ist die Hinwendung zum anderen: und wenn nicht im Guten dann im Schlechten. Wo sie mit ihrem Nichtsein konfrontiert ist, da verlässt sie sich selbst und bindet sich oder meint sich wiederzufinden in der Beziehung mit einem anderen. Er, der andere, soll sie vor diesem Gefühl der Leere bewahren. Solche festgefahrenen Gedankenmuster, wie »Ich verlasse dich nicht« oder »ich verzeihe dir nicht« sind Ablenkungsmanöver vor der Konfrontation mit mir selbst oder mit existentiellen Erfahrungen der Leere. Ich brauche den anderen, um mich selbst spüren, wahrnehmen oder aushalten zu können. Beziehungsweise, ich brauche den anderen, um mich gerade nicht mit oder in meiner Leere zu spüren und wahrzunehmen. Das oder der jeweils Andere bekommt die Aufgabe erteilt, diese Leere zu füllen oder abzuhalten. Das sind Einladungen zum Scheitern.

»Ich kann ihn nicht verlassen, wegen der Kinder, weil ich mich dann finanziell nicht über Wasser halten kann, weil ...«

Alle diese Begründungen haben ihre Berechtigung und wollen beachtet sein. Alle diese Begründungen schützen uns davor, dass wir uns mit unserer Einsamkeit, Ohnmacht, Hilflosigkeit und Verlassenheit konfrontieren. Wo wir unser Leben oder uns selbst als »leer« erfahren oder interpretieren, da ergeht die Herausforderung an uns persönlich, uns in dieser Leere zu umarmen – uns wahrzunehmen und uns mit unseren Impulsen der Welt zu schenken. Erfahrungen der Leere sind beängstigend, weil sie uns wandeln. Es braucht ein liebendes Vertrauen, um uns in diesen Momenten nicht selbst zu verlassen, und Mut, um zu uns zu stehen und einfach da zu sein.

Es sind kostbare Momente in unserem Leben, wo wir es zulassen, unvoreingenommen da zu sein. Da fallen die Masken des Alltags. Unser Herz ist offen. Es sind jene Momente, wo wir mitschwingen in Gottes Amen für uns und diese Welt.

Was tun wir, wenn wir nichts tun?

Was tun wir, wenn wir bei der Bushaltestelle warten, und der Bus kommt nicht? Was tun wir, wenn wir krank daniederliegen, und es kommt niemand? Wir können uns selbst wahrnehmen. Das ist das Geschenk der Leere. Ob ich meinen unruhigen Geist durch meditative Übungen zur Ruhe bringe und einem offenen Gewahrsein Raum gebe, oder ob mir Leere und die Angst vor dem Nichtsein durch gesellschaftliche, finanzielle Umbruchsituationen oder andere Verlusterfahrungen begegnet. Einsichten in die Leere unseres Daseins beschenken uns. Nehmen wir diese Geschenke an oder flüchten wir vor ihr in Alkohol, Beziehungen und Arbeitswahn? Wo uns das Geschenk der Leere zuteil wird, da schmecken wir, oder um es mit Rilke zu sagen, da »besitzen wir für ein Lächeln lang« Gott, Wahres Selbst, um es »an alles Leben zu verschenken mit einem Dank.«[32]

172

bleibt sie auch gelähmt im elterlichen Haus. Erst als sie und ihr Mann einsichtig und reuevoll zurückkehren, kann Seijo sich mit sich selbst versöhnen.

»Ohne ein Wort zu sagen, erhob sich die Kranke aus ihrem Bett und lief nach draußen der ankommenden Seijo entgegen und – beide wurden eins.«[34]

Wer ist die wirkliche Seijo, die, die gelähmt im Bett ihres Vaters dahinvegetiert oder die junge Frau, die ihren Traum lebt?

Wenn wir im Leben vor Entscheidungssituationen stehen, ist es manchmal schwierig herauszufinden, was das Beste oder Richtige für einen selbst, für seine Beziehung, für die Kinder, für die Karriere, wenn nicht gar für größere Zusammenhänge ist.

Mit Hilfe der Gewaltfreien Kommunikation können wir herausfinden, welche Werte wir pflegen, welche Interessen wir verfolgen wollen. Wir können Verantwortung für unser Handeln übernehmen. Haben wir Klarheit über unsere Gefühle und Bedürfnisse, dann entdecken wir auch das »Zwischen« im Entweder-oder. Dieser Zwischenraum von »Entweder-oder« ist Spielraum für Kreativität. Kreativität hat viel mit Fragen stellen zu tun, mit Phantasie und einem freien Spiel der Gedanken und Wünsche. Statt nach hinten abzugehen oder vorne auf der Bühne zu bleiben, kann der Clown sich auch unter das Publikum mischen und zuschauen, was sich weiter tut.

Als kreativer Frei- und Querdenker befreie ich mich, und vielleicht auch meinen Partner, aus einer festgefahrenen Entscheidungsfalle.

Statt mich nur zwischen zwei Stühlen zu entscheiden, kann ich noch vier andere in Betracht ziehen, oder zwei zersägen und ein Bett daraus machen. Wo wir unsere gedanklichen Schranken entlarven, werden wir wieder handlungsfähig und gestalten unser Leben Schritt für Schritt.

Dabei machen wir vielleicht Fehler oder verletzen andere.

Die Legende von Seijo zeigt uns noch eine andere Dimension. Wer ist die wahre Seijo. Bei dem Begriff »wahr« geht es nicht um die Frage nach der »moralisch korrekt Handelnden«. Es ist also nicht die Frage, ob wir die moralisch richtige Entscheidung treffen, wenn wir Kinder in ein Internat stecken, statt mit ihnen gemeinsam den Alltag zu gestalten. Bei der Frage nach der »wahren« Seijo fragen wir nach der Wirklichkeit der Buddhanatur. Mit christlichen Begriffen ausgedrückt heißt das, wir fragen nach der Wirklichkeit Gottes. Ist sie auf der Bühne oder hinter der Bühne? Wenn ich Kinder bekomme und mich beruflich einschränke, lebe ich dann in der Wirklichkeit Gottes, oder eher, wenn ich an meiner Karriere weiterbastle, doch dafür auf Kinder verzichte?

Die wahre Seijo ist immer hier und jetzt, wie traurig, belastend oder beglückend die Situation auch sein mag.

Ich bin zufrieden

»Zum Augenblicke dürft ich sagen: Verweile doch, du bist so schön! Es kann die Spur von meinen Erdentagen nicht in Äonen untergehn. – Im Vorgefühl von solchem hohen Glück genieß ich jetzt den höchsten Augenblick.«[35]

Blind und im Vorgefühl einer utopischen friedlichen Welt für alle Menschen, lässt Goethe seinen alten Faust »im Geiste verweilen.« Faust spricht im Konjunktiv und drückt so seine Zufriedenheit des Herzens aus. Bei aller Unvollkommenheit können wir eine innere Ruhe und Gelassenheit kultivieren. Statt in einer Leistungsgesellschaft dem Glück hinterher zu jagen durch immer mehr Schaffen und Haben und Müssen, können wir der Stille in unserem Leben Raum geben. Stille ist nicht im Widerspruch zu den Geräuschen der Welt.

Stille ist ein Synonym für Gott als Ursprung und Abgrund allen Seins. Aus der Stille kommt der Klang. Wir brauchen Stille, um Klang zu hören.

Dieser ewigen Stille in unserem Alltag Raum zu geben, bedeutet das Leben in all seiner Fülle zu feiern. Zur Fülle gehört das Scheitern, unser Scheitern, unsere Gebrechlichkeit, unsere Schattenseiten.

In der Gewaltfreien Kommunikation hat das sich selbst und das Leben feiern einen großen Stellenwert. Wir feiern uns oder wertschätzen uns, weil wir für dieses und jenes Bedürfnis gesorgt haben. Das können viele Menschen nicht. Viele klopfen sich selbst auf die Finger, wenn ihnen etwas misslungen ist, doch sich selbst zu feiern, kommt ihnen nicht in den Sinn.

Freude, die aus der Einkehr in die Stille wächst, hat noch eine andere Qualität. Sie zeichnet Gelassenheit aus. Freude, die aus der Geborgenheit Gottes kommt, ist ohne Grund. Wir üben uns dabei im Lassen, und Zufriedenheit kann wachsen.

»Es gibt so Momente im Leben, wo ich mich einfach grundlos freu'.«

Wo wir uns der Stille Gottes aussetzen, da tauchen wir immer auch ein in die Not, in die dunklen Seiten des Lebens. Wer sich in einer Stille des Herzens übt, ringt mit seinen Schattenanteilen und verschließt nicht die Augen vor dem, was rings um uns passiert. Wir nehmen die kleinen und großen Schrecken unserer Welt mit in die Stille und sitzen mit ihr. Da kann Wandlung passieren. Eine Wandlung in unserem Herzen. In der Stille lösen wir nicht die sozialen oder wirtschaftlichen Probleme dieser Erde, dafür braucht es noch andere Mittel und Wege. In der Stille Gottes versöhnen wir uns mit uns selbst – und diesen Frieden, oder diese stille Freude können wir tagtäglich in die Welt tragen.

> Seine Schüler sagten zu ihm: »Das Königreich, an welchem Tag wird es kommen?« Jesus sagte: »Es wird nicht kommen, wenn man Ausschau nach ihm hält. Man wird nicht sagen: ›Siehe hier oder siehe dort‹, sondern das Königreich des Vaters ist ausgebreitet über die Erde, und die Menschen sehen es nicht.«[36]

In diesem Sinne ist unser Leben die Einladung, dieses in und vor uns ausgebreitete Geschenk, nenne ich es Buddhanatur oder Reich Gottes, lebenslang zu entdecken und zu gestalten.

Hören wir diesen Ruf?

Anmerkungen

1 Erkenne dein Selbst, Imhof Beat, Wahrheit und Weisheit, Symbolgeschichten, rothus 1995, 32.
2 Diese kleine Weisheitsgeschichte, die ich hier aus der Erinnerung frei nacherzähle, wurde mir vor über 25 Jahren in Wien von einem Rabbi erzählt. Trotz Recherchen habe ich keine schriftliche Quelle dafür entdeckt.
3 Johannes Galli, Clown, Die Lust am Scheitern, Galli Verlag 1999, 155.
4 Siehe: »Ein Konflikt ist tragischer Ausdruck eines unerfüllten Bedürfnisses« in: Marshall B. Rosenberg, Konflikte lösen durch Gewaltfreie Kommunikation. Ein Gespräch mit Gabriele Seils, Herder Spektrum, 2004, 27ff.
5 Elisabeth Macho, Kalligraphie, Sho Waru, Lächeln, Wien, 2011.
6 Wann wird es Tag, Imhof Beat, Wahrheit und Weisheit, Symbolgeschichten, rothus 1995, 49.
7 Vgl. Marshall B. Rosenberg, Konflikte lösen durch Gewaltfreie Kommunikation. Ein Gespräch mit Gabriele Seils, Herder Spektrum, 2004, 26.
8 Vgl. Johannes vom Kreuz, Die dunkle Nacht. Vollständige Neuübersetzung. Sämtliche Werke Bd. 1, Herder Spektrum, 1995.
9 Minou Modaressy, Giraffenclown, Tuschezeichnung, Wien, 2011.
10 Predigt 13, Qui audit me. In: Meister Eckhart, Deutsche Predigten und Traktate. Herausgegeben und übersetzt von Josef Quint. München: Hanser Verlag, 7. Auflage 1995, 216.
11 Mumonkan 7. In: Die torlose Schranke Mumonkan. Zen-Meister Mumons Koan-Sammlung, Kösel 1989, 61.
12 Elisabeth Macho, Kalligraphie, Do, Weg, Wien, 2011.
13 Minou Modaressy, Farn am Wegesrand, Tuschezeichnung, Wien, 2011.
14 Siehe: Shunryu Suzuki u.a., Zen-Geist, Anfänger-Geist, Unterweisungen in Zen-Meditation, Herder Spektrum, 2009.
15 Röm. 7, 15.
16 Du bleda Bua. In: Christine Nöstlinger, Iba de gaunz oamen Leit, Gedichte. Residenz, 2009, 111.
17 Schokoladenlust von Gioconda Belli. In: Gioconda Belli, Ich bin Sehnsucht verkleidet als Frau, Gedichte spanisch/deutsch, Peter Hammer Verlag Wuppertal, 2003, 39.

18 Diese bekannte Weisheitsgeschichte formuliere ich hier frei. Der Autor der ursprünglichen Erzählung, sowie die ursprüngliche Fassung ist trotz Recherche nicht bekannt. Darauf weisen auch die Autoren der folgenden Werke hin, in denen sich Varianten finden, wie z.B. in: Grundkurs Spiritualität. Handbuch für die Kursleitung. Hrsg. v. Institut für Spiritualität Münster, 2001, 69 und in: Beat Imhof, Wahrheit & Weisheit, Symbolgeschichten, Rothus, 1995, 56.

19 Chinesisches Sprichwort

20 Angelus Silesius, Der cherubinische Wandersmann, Diogenes, 1979, 53.

21 Arul M. Arokiasamy, Warum Bodhidharma in den Westen kam oder Kann es ein europäisches Zen geben, Ch. Falk Verlag, 1995, 60.

22 Minou Modaressy, Buddha im Alltag, Tuschezeichnung, Wien, 2011.

23 Arul M. Arokiasamy, Leere und Fülle. Zen aus Indien in christlicher Praxis, © 1991, Kösel-Verlag, München, in der Verlagsgruppe Random House GmbH, 109.

24 Ders., 178.

25 Ebd.

26 Angelus Silesius, Der cherubinische Wandersmann, Diogenes, 1979, 41.

27 Johann Wolfgang von Goethe, Faust: Der Tragödie erster Teil, Goethes Werk in sechs Bänden, Insel-Verlag, 1949, 264.

28 Ders., 291.

29 Ders., 263.

30 Thomas C. Boyle, América, aus dem Amerikanischen von Werner Richter, © 1996 Carl Hanser Verlag München, 303.

31 Chinesisches Sprichwort.

32 Rainer Maria Rilke, Das Stunden-Buch, Insel TB, 1972, 14.

33 Eine ausführliche Darstellung dieser alten Legende findet sich in: Yawada Kôun Roshi, Die torlose Schranke – Mumonkan. Zen-Meister Mumons Koan-Sammlung, © 2004, Kösel-Verlag, München, in der Verlaggruppe Random House GmbH, 193.

34 Ebd.

35 Johann Wolfgang von Goethe, Faust: Der Tragödie zweiter Teil, in: Goethes Werk in sechs Bänden, Insel-Verlag, 1949, 575.

36 Thomasevangelium Spruch 113.

Das Schwere leicht gemacht

**Hans Jellouschek
Wie Partnerschaft gelingt – Spielregeln der Liebe**
Beziehungskrisen sind
Entwicklungschancen
224 Seiten | Paperback
ISBN 978-3-451-05913-1

Hier zeigt einer der bekanntesten Paartherapeuten, was jeder tun kann, um eine dauerhafte und glückliche Partnerschaft zu erleben.

In jeder Buchhandlung

HERDER
Lesen ist Leben

www.herder.de

Partnerschaft ist möglich

**Martin Koschorke
Wie Sie mit Ihrem Partner
glücklich werden, ohne
ihn zu ändern!**
Führerschein für Paare
200 Seiten | Paperback
ISBN 978-3-451-06659-7

Sie werden Ihren Liebsten nicht ändern, auch wenn Sie
dies oft gerne täten. Und nun die gute Nachricht: Wer
die zehn Grundregeln dieses Liebesfahrplans beachtet,
wird trotzdem dauerhaft Liebe und Freude mit seinem
Partner empfinden. Partnerschaft kann man lernen, es
lohnt sich, ranzugehen.

In jeder Buchhandlung

HERDER
Lesen ist Leben

www.herder.de

Streiten – aber mit Empathie

**Ronald Hempel /
Anika Hempel
Liebevolle Partnerschaft**
Gewaltfreie Kommunikation für Paare
160 Seiten | Paperback
ISBN 978-3-451-61183-4

Mit Hilfe der „Gewaltfreien Kommunikation" (GFK) kann jedes Paar lernen, liebevoll und sensibel miteinander zu streiten. Jeder verändert bei sich alte Denkweisen und Gewohnheiten, so dass eventuelle Differenzen friedlich und einvernehmlich gelöst werden. Neue Verletzungen und Kränkungen passieren seltener oder überhaupt nicht mehr. Anhand vieler praktischer Beispiele wird deutlich, dass Liebe dauerhaft möglich ist.

In jeder Buchhandlung

HERDER

www.herder.de

Lesen ist Leben